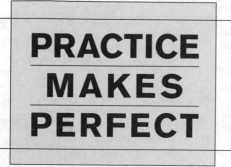

# PRACTICE MAKES PERFECT

# Basic French

## Premium Second Edition

## Eliane Kurbegov

Mc Graw Hill Education

New York   Chicago   San Francisco   Athens   London   Madrid
Mexico City   Milan   New Dehli   Singapore   Sydney   Toronto

3  4  5  6  7  8  9  0    LHS    21  20  19  18  17

ISBN        978-1-259-83639-8
MHID        1-259-83639-8

eISBN       978-1-259-83640-4
eMHID       1-259-83640-1

Library of Congress Control Number: 2010936126

Trademarks: McGraw-Hill Education, the McGraw-Hill Education Publishing logo, Practice Makes Perfect, and related trade dress are trademarks or registered trademarks of McGraw-Hill Education and/or its affiliates in the United States and other countries and may not be used without written permission. All other trademarks are the property of their respective owners. McGraw-Hill Education is not associated with any product or vendor mentioned in this book.

Interior design by Village Bookworks, Inc.

McGraw-Hill Education books are available at special quantity discounts to use as premiums and sale promotions, or for use in corporate training programs. To contact a representative, please visit the Contact Us pages at www.mhprofessional.com.

**Also by Eliane Kurbegov**
*Practice Makes Perfect: French Vocabulary*
*Practice Makes Perfect: French Sentence Builder*
*French Grammar Drills*
*Must Know French*
*Perfect Phrases in French for Confident Travel*

---

**McGraw-Hill Education Language Lab App**

Audio recordings and vocabulary flashcards are available to support your study of this book. Go to www.mhlanguagelab.com to access the online version of this application, or to locate links to the mobile app for iOS and Android devices. Search "McGraw-Hill Education Language Lab" in the iTunes app store, Google Play or Amazon App store for Android. (Note: Internet access is required to access audio via the app).

# Contents

# Introduction

Congratulations! You have chosen *Practice Makes Perfect: Basic French* for your first year of French language learning.

This highly useful book is well suited for middle or high school French students to accompany a first-year textbook, or as a review book at the end of a first year or beginning second-year French course. It can also be used as a supplement to a face-to-face or online French course. Whatever your situation, you will be happy to own this book to practice basic first-year vocabulary, verb tenses, and sentence structures.

As vocabulary acquisition is an ongoing process dictated by student interest, it is important to understand that the focus of this basic book is limited to high frequency vocabulary. How well students will be able to venture into thematic and contextualized reading materials depends on how well they have mastered the essential structures and concepts introduced in this book.

For the most part, basic grammar is presented in user-friendly charts as preparation for the material in the exercises. The tenses practiced in this book are the present, the near future, the near past, and the passé composé. We find this to be ample material for a first-year or a beginning second-year middle or high school student. Adjectives, prepositions, and object pronouns presented in their lexical and grammatical functions are also important parts of this book.

With Basic French learning French is made easy because the material is presented in simple charts. It remains user friendly while building from very simple to more complex. In addition, the material offers many opportunities to reinforce and review basic grammatical concepts, while recycling and expanding on everyday words and phrases.

The ten units and fifty lessons in this book are presented in a simple and progressive format designed to help students learn, review, and retain knowledge of basic vocabulary and grammatical structures. Each set of five chapters in a unit is followed by a review section. The numerous exercises in the chapters and review sections are accompanied by an Answer Key at the end of the book. And this Premium Second Edition offers streaming audio recordings of the answers to numerous exercises, allowing you to compare your responses and pronunciation against native speakers.

For pleasure reading, we have included Fun Facts throughout the book; try to read them for fun and understand them on your own. So that you may check how much and how well you understood, they are translated in the Answer Key.

It is time to start the adventure! Bonne chance et bon voyage!

## Grammar

## Vocabulary

## Fun facts

# Definite articles Family

## Definite articles

|  | *SINGULAR* | *PLURAL* |
|---|---|---|
| MASCULINE | le | les |
| FEMININE | la | les |
| MASCULINE/FEMININE (BEFORE VOWEL SOUND) | l' | les |

NOTEZ The definite article appears more frequently in French than in English before a noun, for example, in abstractions and generalizations as in the following sentences.

Christophe étudie l'histoire.      *Christophe studies history.*
Sophie adore **les** romans.      *Sophie loves novels.*

**VOCABULAIRE**

### Les membres de la famille (*Family members*)

| | | | |
|---|---|---|---|
| father | **le père** | grandfather | **le grand-père** |
| mother | **la mère** | grandmother | **la grand-mère** |
| parents | **les parents** (*m.*) | grandson | **le petit-fils** |
| dad | **le papa** | granddaughter | **la petite-fille** |
| mom | **la maman** | uncle | **l'oncle** (*m.*) |
| boy | **le garçon** | aunt | **la tante** |
| girl | **la fille** | nephew | **le neveu** |
| brother | **le frère** | niece | **la nièce** |
| sister | **la sœur** | cousin (*m.*) | **le cousin** |
| son | **le fils** | cousin (*f.*) | **la cousine** |
| daughter | **la fille** | stepfather/ father-in-law | **le beau-père** |
| children | **les enfants** (*m.*) | stepmother/ mother-in-law | **la belle-mère** |
| husband | **le mari** | stepdaughter | **la belle-fille** |
| wife | **la femme** | stepson | **le beau-fils** |

**EXERCICE**
**1·1**

**Traduisez!** (*Translate!*)

1. the father      _____

2. the mother      _____

3. the parents      _____

4. the fathers      _____

5. the mothers      _____

6. the boy      _____

7. the girl      _____

8. the boys      _____

9. the girls      _____

10. the son      _____

11. the daughters      _____

12. the brothers      _____

13. the grandmother      _____

14. the cousins (*f.*)      _____

15. the grandson      _____

16. the granddaughter      _____

17. the niece      _____

18. the nephew      _____

19. the stepfather      _____

20. the stepmother      _____

### EXERCICE 1·2

**Les familles célèbres!** (*Famous families!*)  *Match the famous person on the left with the correct family relationship on the right.*

1. _____ Eunice Kennedy Shriver et Arnold Schwarzenegger     a. les frères

2. _____ Michelle et Barack Obama     b. les sœurs

3. _____ Donny et Marie Osmond     c. la belle-mère et le beau-fils

4. _____ Kelly et Ozzie Osbourne     d. le mari et la femme

5. _____ Alec et William Baldwin     e. la fille et le père

6. _____ Kirk et Michael Douglas     f. le frère et la sœur

7. _____ Warren Beatty et Shirley MacLaine     g. le père et le fils

8. _____ Venus et Serena Williams

## Everyday words

| | | | |
|---|---|---|---|
| my | **mon** (*m.*)/**ma** (*f.*)/**mes** (*pl.*) | is/are | **est/sont** |
| your | **ton** (*m.*)/**ta** (*f.*)/**tes** (*pl.*) | from/of | **de** |

**EXERCICE 1·3**

**Écrivez!** (*Write!*) *In this exercise, use the familiar your (***ton, ta, tes***) throughout.*

1. My uncle Georges is the brother of my mother.

   _____

2. Your daughter is my cousin.

   _____

3. My grandfather is your uncle.

   _____

4. My grandmother is from France.

   _____ de - from Francē _____

5. Your brother is my cousin.

   _____

6. Your parents are my grandparents.

   _____

7. Your sister is my stepmother.

   _____

8. My father is your nephew.

   _____

9. Your sisters are my aunts.

   _____ Son _____

10. Lili is the niece of my grandfather Julius.

    _____

## Faits divers (*Fun facts*)

### Les familles célèbres (*Famous families*)

- Les filles de Barack Obama sont Sasha et Malia.
- Bill Ford est l'arrière-petit-fils de Henry Ford.
- Jennifer Lopez est la femme de Marc Anthony.
- Liza Minnelli est la fille de Judy Garland.
- Brad Pitt est le copain d'Angelina Jolie.

# Indefinite articles
# Around the house

## Indefinite articles

|  | SINGULAR | PLURAL |
|---|---|---|
| MASCULINE | un | des |
| FEMININE | une | des |

NOTEZ  The plural indefinite article appears more frequently in French than in English where it is often omitted and implied as in:

J'ai des frères et des sœurs.            *I have (some) brothers and sisters.*

---
VOCABULAIRE
---

### Dans la maison (*Around the house*)

| | | | |
|---|---|---|---|
| attic | **le grenier** | house | **la maison** |
| basement | **la cave** | kitchen | **la cuisine** |
| bathroom | **la salle de bains** | living room | **le salon** |
| bedroom | **la chambre (à coucher)** | office | **le bureau** |
| closet | **le placard** | porch | **le porche** |
| dining room | **la salle à manger** | refrigerator | **le réfrigérateur** |
| door | **la porte** | restroom | **le W.C. / les toilettes** |
| entryway | **l'entrée** | room | **la pièce / la chambre** |
| floor | **l'étage** (*f.*) | shower | **la douche** |
| garage | **le garage** | stairs | **l'escalier** (*m.*) |
| garden | **le jardin** | window | **la fenêtre** |
| hall | **le couloir** | yard | **la cour** |

EXERCICE
**2·1**

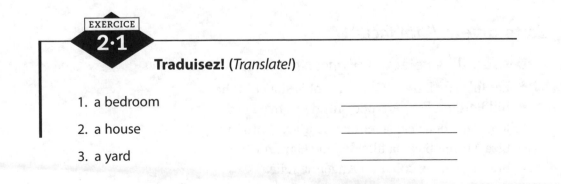

**Traduisez!** (*Translate!*)

1. a bedroom                    _____

2. a house                      _____

3. a yard                       _____

4. a garden           _____

5. a bathroom       _____

6. a restroom       _____

7. a shower         _____

8. an entrance       _____

9. an attic           _____

10. a basement       _____

11. a kitchen         _____

12. a living room     _____

13. some bedrooms   _____

14. some closets     _____

15. a hall             _____

16. an office         _____

17. some windows     _____

18. some doors         _____

19. a garage         _____

20. some stairs       _____

---

**EXERCICE**

**2·2**

**La maison** (*The house*) *Match each part of the house named on the left with the item you would likely find in it on the right. You may have to figure out what some items are by their similarity with their English equivalent.*

1. _____ le salon             a.  la calculatrice

2. _____ le W.C.             b.  la bicyclette

3. _____ la cuisine         c.  le sofa

4. _____ le garage         d.  la porte

5. _____ la salle de bains   e.  la baignoire

6. _____ le jardin           f.  le papier hygiénique

7. _____ le bureau         g.  les plantes

8. _____ le couloir         h.  le réfrigérateur

## Everyday words

| | | | |
|---|---|---|---|
| one | **un** (*m.*)/**une** (*f.*) | four | **quatre** |
| two | **deux** | five | **cinq** |
| three | **trois** | six | **six** |
| has | **a** | does not have | **n'a pas** |

NOTEZ The phrase **n'a pas** is followed by **de** or **d'** instead of **un/une/des** (*a/some*) as in:

La maison n'a pas **de** garage.            *The house does not have a garage.*

---

EXERCICE
**2·3**

**Écrivez!** (*Write!*)

1. My bedroom has two closets.

_____

2. Your (*form.*) kitchen has one window.

_____

3. My house does not have an attic.

_____

4. The restroom does not have a shower.

_____

5. Your (*fam.*) basement has two doors.

_____

6. The house has three doors.

_____

7. Your (*fam.*) house has four stairways.

_____

8. My living room has a sofa.

_____

9. My entrance has a chandelier (**un chandelier**).

_____

10. Your (*pl.*) house has five bedrooms.

_____

## Faits divers (*Fun facts*)

### Des maisons célèbres (*Famous houses*)

♦ La Maison Blanche à Washington D.C. est la résidence des présidents américains.

♦ Le Palais de l'Élysée à Paris est la résidence des présidents français.

♦ Les maisons de Victor Hugo sont à Paris et à Guernsey.

♦ La maison de Louis Pasteur à Arbois a une tannerie, une cave, six pièces au premier étage (= *French first floor* [*over the ground floor*]), six autres pièces au deuxième étage (*French second floor*), des greniers et une cour.

# J'ai and je veux
# Animals

## J'ai and je veux

| | |
|---|---|
| j'ai | *I have* |
| je veux | *I want* |
| je n'ai pas | *I don't have* |
| je ne veux pas | *I don't want* |

NOTEZ   The phrase **n'ai pas** is followed by **de** or **d'** instead of **un/une/des** (*a/some*) as in the example:

Je n'ai pas **de** chien.          *I do not have a dog.*

---

### VOCABULAIRE

### Les animaux (*Animals*)

| | | | |
|---|---|---|---|
| bear | **l'ours** (*m.*) | horse | **le cheval** |
| bird | **l'oiseau** (*m.*) | lamb | **l'agneau** (*m.*) |
| bull | **le taureau** | lion | **le lion** |
| cat | **le chat** | monkey | **le singe** |
| chicken | **la poule** | mouse | **la souris** |
| cow | **la vache** | pig | **le cochon** |
| dog | **le chien** | rabbit | **le lapin** |
| donkey | **l'âne** (*m.*) | rat | **le rat** |
| duck | **le canard** | rooster | **le coq** |
| elephant | **l'éléphant** (*m.*) | sheep | **le mouton** |
| fish | **le poisson** | snake | **le serpent** |
| fox | **le renard** | turkey | **la dinde** |
| frog | **la grenouille** | wolf | **le loup** |

---

**Traduisez!** (*Translate!*)

1. I have a horse.

_____

2. I don't have an elephant.

_____

3. I have two ducks.

_____

4. I don't have a snake.

_____

5. I don't have five cats.

_____

6. I want a dog.

_____

7. I don't want a mouse.

_____

8. I want some cats.

_____

9. I don't want a pig.

_____

10. I want some chickens.

_____

11. I don't have any monkeys.

_____

12. I have some rabbits.

_____

EXERCICE
3·2

**L'habitat!** (*The habitat!*)   *Place an X in the column where you would most likely find each animal listed below:* **à la maison** (*at home*), **à la ferme** (*on the farm*), **au zoo** (*at the zoo*).

| | (M) À LA MAISON | (F) À LA FERME | (Z) AU ZOO |
|---|---|---|---|
| 1. l'agneau | _____ | _____ | _____ |
| 2. le chat | _____ | _____ | _____ |
| 3. le singe | _____ | _____ | _____ |
| 4. la dinde | _____ | _____ | _____ |
| 5. le rat | _____ | _____ | _____ |
| 6. le serpent | _____ | _____ | _____ |

| | (M) À LA MAISON | (F) À LA FERME | (Z) AU ZOO |
|---|---|---|---|
| 7. le lion | _____ | _____ | _____ |
| 8. la poule | _____ | _____ | _____ |
| 9. le cochon | _____ | _____ | _____ |
| 10. le poisson | _____ | _____ | _____ |

VOCABULAIRE

## Everyday words

| in/at/on | **à** | in/ inside | **dans** |
|---|---|---|---|

EXERCICE
**3·3**

### Écrivez! (*Write!*)

1. I don't want a rat inside my house.

_____

2. I want a dog in my yard.

_____

3. I don't want the cat inside my bedroom.

_____

4. I have a rooster and three chickens.

_____

5. I don't have a horse in my basement.

_____

6. My uncle has three pigs on (*dans*) his farm.

_____

7. My son has a snake.

_____

8. He doesn't have a monkey in his closet.

_____

## Faits divers *(Fun facts)*

### Les animaux dans les bandes dessinées et les histoires d'enfants
*(Animals in comic books and storybooks)*

- Perdita, Pongo et Lucky sont des chiens dans le film *Les 101 Dalmatiens*.
- Tintin a un chien: Milou.
- Pinocchio a un chat: Figaro.
- Mickey Mouse est une souris.
- Porky Pig est un cochon.
- Astérix a un chien: Idéfix.
- Garfield est un chat.
- Donald Duck est un canard.
- Nemo est un poisson.

# Il y a
# The classroom

## Il y a and il n'y a pas

Il y a une carte dans le livre.          *There is a map in the book.*
Il y a des images dans le livre.          *There are pictures in the book.*

NOTEZ     The phrase **Il n'y a pas** is always followed by **de** or **d'** instead of **un/une/des** (*a/some*) as in this example:

Il n'y a pas **de** livre sur le bureau.          *There is no book on the desk.*

---

### VOCABULAIRE

### La salle de classe (*The classroom*)

| | | | |
|---|---|---|---|
| assignment | **le devoir** | light | **la lumière** |
| backpack | **le sac à dos** | marker | **le feutre** |
| board | **le tableau** | notebook | **le cahier** |
| book | **le livre** | paper | **le papier** |
| chair | **la chaise** | pen | **le stylo** |
| classroom | **la salle de classe** | pencil | **le crayon** |
| computer | **l'ordinateur** (*m.*) | projector | **le projecteur** |
| desk | **le bureau** | ruler | **la règle** |
| dictionary | **le dictionnaire** | school | **l'école** (*f.*) |
| eraser | **la gomme** | student | **l'élève** (*m., f.*) |
| lesson | **la leçon** | teacher | **le/la professeur** |
| map | **la carte** | textbook | **le manuel** |

---

**Traduisez!** (*Translate!*)

1. There are two boards in the classroom.

_____

2. There is no projector.

_____

3. There are three dictionaries on the desk.

_____

4. There is a marker on your (*form.*) desk.

_____

5. There is no paper in the notebook.

_____

6. There is no light.

_____

7. There are no students.

_____

8. There is one assignment.

_____

9. There is a backpack on my chair.

_____

10. There are five lessons in the book.

_____

EXERCICE
4·2

**Sur le bureau ou sur la chaise?** (*On the desk or on the chair?*)   *Place an X in the column where you would most likely find each item or person listed below:* **sur le bureau** (*on the desk*), **sur la chaise** (*on the chair*). *Place an X in the NON column if it is found in none of these places.*

|  | (B) SUR LE BUREAU | (C) SUR LA CHAISE | (-) NON |
|---|---|---|---|
| 1. le cahier | _____ | _____ | _____ |
| 2. la carte | _____ | _____ | _____ |
| 3. l'élève | _____ | _____ | _____ |
| 4. le feutre | _____ | _____ | _____ |
| 5. la lumière | _____ | _____ | _____ |
| 6. l'ordinateur | _____ | _____ | _____ |
| 7. le papier | _____ | _____ | _____ |
| 8. le professeur | _____ | _____ | _____ |
| 9. le stylo | _____ | _____ | _____ |
| 10. le tableau | _____ | _____ | _____ |

**Everyday words**

| | | | |
|---|---|---|---|
| seven | **sept** | each/every | **chaque** |
| eight | **huit** | and | **et** |
| nine | **neuf** | for | **pour** |
| ten | **dix** | with | **avec** |
| eleven | **onze** | but | **mais** |

**EXERCICE**
**4·3**

**Écrivez!** (*Write!*)

1. My classroom has a computer and a projector.

   _____

2. There are ten pens in my desk.

   _____

3. There are nine students in the classroom.

   _____

4. I want eight notebooks for my students.

   _____

5. I want one textbook for each student.

   _____

6. I have ten notebooks and eight books with (some) maps.

   _____

7. But I don't have any markers for the board.

   _____

8. And there is no ruler.

   _____

## Faits divers (*Fun facts*)

### L'histoire de Babar (*The story of Babar*)

Dans *L'histoire de Babar*, l'éléphant Babar a des classes de français avec un professeur. Il est dans une salle de classe avec onze livres, un cahier, un papier et un tableau. Mais il n'y a pas d'ordinateur pour Babar.

# Subject pronouns
# Common -er verbs
# Regular -er verbs
# Days of the week

## Subject pronouns

| | | | |
|---|---|---|---|
| je | *I* | nous | *we* |
| tu | *you* (sing. and fam.) | vous | *you* (pl. or sing. form.) |
| il | *he* | ils | *they* (m. or mixed group) |
| elle | *she* | elles | *they* (f.) |
| on | *we, you, they, one* | | |

Notez   The impersonal pronoun **on** takes on various meanings depending on the context. It is often used in familiar conversations instead of the pronoun **nous**.

---

**VOCABULAIRE**

### Quelques verbes en *-er* (A *few* **-er** *verbs*)

| | | | |
|---|---|---|---|
| to dance | **danser** | to pay | **payer** |
| to eat | **manger** | to play | **jouer** |
| to eat dinner | **dîner** | to sing | **chanter** |
| to find | **trouver** | to speak/talk | **parler** |
| to give | **donner** | to study | **étudier** |
| to listen | **écouter** | to watch/look at | **regarder** |
| to order | **commander** | to work | **travailler** |

---

## Conjugation of regular -er verbs

**parler** to speak, talk

| | | | |
|---|---|---|---|
| je | parle | nous | parlons |
| tu | parles | vous | parlez |
| il | parle | ils | parlent |
| elle | parle | elles | parlent |
| on | parle | | |

Notez   For verbs like **payer** that have a **y** in the stem, change the **y** to **i** in all conjugated persons except in the **nous** and **vous** forms: **je paie / nous payons**. For verbs like **manger** that have a **g** in the stem, add the letter **-e** after **-g** in the **nous** form: **nous mangeons**.

**Conjuguez!** (*Conjugate!*)

| | JE | TU | IL/ELLE/ON | NOUS | VOUS | ILS/ELLES |
|---|---|---|---|---|---|---|
| 1. parler | | | | | | |
| *to speak* | | | | | | |
| 2. chanter | | | | | | |
| *to sing* | | | | | | |
| 3. étudier | | | | | | |
| *to study* | | | | | | |
| 4. regarder | | | | | | |
| *to watch* | | | | | | |
| 5. donner | | | | | | |
| *to give* | | | | | | |
| 6. porter | | | | | | |
| *to wear* | | | | | | |
| 7. travailler | | | | | | |
| *to work* | | | | | | |
| 8. manger | | | | | | |
| *to eat* | | | | | | |
| 9. jouer | | | | | | |
| *to play* | | | | | | |
| 10. payer | | | | | | |
| *to pay* | | | | | | |

**Vrai ou faux?** (*True or false?*)   *Mark the following statements true (**V**) or false (**F**), according to how probable they seem.*

1. _____ Le professeur et les élèves jouent au tennis dans la classe.

2. _____ On ne chante pas dans la classe de chant.

3. _____ Vous travaillez à la Maison Blanche.

4. _____ Vous étudiez le français.

5. _____ Les élèves donnent les notes (*grades*).

6. _____ On regarde la télévision à la maison.

7. _____ De nombreux (*numerous*) acteurs travaillent à Hollywood.

8. _____ On n'étudie pas dans la salle de bains.

9. _____ On écoute des opéras à l'école.

10. _____ Nous trouvons des diamants dans la rue (*street*).

---

### VOCABULAIRE

## Everyday words

| | | | |
|---|---|---|---|
| soccer | **le football/le foot** | at the office/in the study | **au bureau** |
| tennis | **le tennis** | at the restaurant | **au restaurant** |

NOTEZ  The names of most team sports are English words used in French. Remember to use **au foot**, **au tennis**, **au basketball**, **au baseball** after the verb **jouer** (*to play*): Je joue **au foot**.

---

### EXERCICE
### 5·3

**Écrivez des phrases!** (*Write sentences!*)

1. We play tennis but you (*pl.*) play soccer.

   _____

2. We eat at home or at the restaurant.

   _____

3. We speak French at home.

   _____

4. My parents watch television in the living room.

   _____

5. They work in the study.

   _____

6. I study in my bedroom.

   _____

7. And I listen to my CDs (**CD**).

   _____

8. But I do not find my notebooks.

   _____

## Faits divers (Fun facts)

### La télévision

TF1 et Canal+ sont des chaînes privées en France mais France 1, France 2, France 4, France 5 et Arte sont des chaînes publiques. La chaîne TV5-Monde est diffusée dans le monde entier et sur tous les continents.

À la télévision française, il y a des dessins animés (*cartoons*) comme *Astérix*, des émissions comme *Les guignols de l'info* (*puppet-driven comedy show focused on news*), le journal télévisé (*news*), des films, des jeux (*games*) et des sports.

---

**VOCABULAIRE**

### Les jours de la semaine (Days of the week)

| Monday | **lundi** | on Mondays | **le lundi** |
| Tuesday | **mardi** | on Tuesdays | **le mardi** |
| Wednesday | **mercredi** | on Wednesdays | **le mercredi** |
| Thursday | **jeudi** | on Thursdays | **le jeudi** |
| Friday | **vendredi** | on Fridays | **le vendredi** |
| Saturday | **samedi** | on Saturdays | **le samedi** |
| Sunday | **dimanche** | on Sundays | **le dimanche** |

NOTEZ  Monday is the first day of the week on a French calendar. Days of the week are not capitalized in French. When the French day is preceded by the article **le**, it means on every such day.

---

**EXERCICE 5·4**

**Quel jour?** (*On which day?*)  *Complete the following sentences with a day of the week.*

1. Je n'ai pas classe le _____ et le _____.

2. Le premier jour d'école chaque semaine est _____.

3. _____ est le dernier jour d'école chaque semaine.

4. Le premier jour du week-end est _____.

5. Mes parents travaillent le _____, le _____, le _____, le _____, et le _____.

## Faits divers *(Fun facts)*

### Les jours de la semaine *(The days of the week)*

Exceptés samedi et dimanche, les jours de la semaine sont des noms composés de la syllabe *di* (du latin *dies* pour *jour*) et du mot latin pour un astre (ou corps céleste).

- lundi, c'est *lunae dies*, jour de la lune *(moon)*
- mardi, c'est *martis dies*, jour de Mars
- mercredi, c'est *mercurii dies*, jour de Mercure
- jeudi, c'est *jovis dies*, jour de Jupiter
- vendredi, c'est *veneris dies*, jour de Venus
- samedi, c'est *sabbati dies*, jour du sabbat *(sabbath)*.
- dimanche, c'est *dies dominica*, le jour du Seigneur *(Lord's day)*

# Leçons 1–5

## EXERCICE R1·1

**Traduisez!** (*Translate!*)

1. the boys _____

2. the girls _____

3. the grandmother _____

4. a brother _____

5. some dogs _____

6. the house _____

7. the bedrooms _____

8. the kitchen _____

9. the cat _____

10. an assignment _____

11. some doors _____

12. the desk _____

13. some books _____

14. a dictionary _____

15. a lesson _____

## EXERCICE R1·2

**Qui est-ce?** (*Who is it?*)   *Match the two columns.*

1. _____ Babar          a. le chien

2. _____ Bambi          b. le canard

3. _____ Shere Kahn     c. le poisson

4. _____ Milou      d. l'ours

5. _____ Nemo      e. le lapin

6. _____ Donald      f. la souris

7. _____ Mickey      g. le tigre

8. _____ Smokey      h. l'éléphant

9. _____ Peter Cottontail      i. le faon

10. _____ Black Beauty      j. le cheval

## EXERCICE R1·3

**Il y a / Il n'y a pas...** *Write* **Il y a** *or* **Il n'y a pas** *before each statement to make the statement true or false.*

1. _____ cinq vaches dans mon salon.

2. _____ un taureau à la ferme.

3. _____ des singes au zoo.

4. _____ de poules dans mon grenier.

5. _____ six rats dans le réfrigérateur.

6. _____ un chat dans ma maison.

7. _____ des éléphants dans l'histoire de Babar.

8. _____ de tigres à la ferme.

9. _____ une cave et six chambres dans la maison de Pasteur.

10. _____ des poules, des coqs et des dindes à la ferme.

## EXERCICE R1·4

**Les grandes familles!** *Fill the blank with the appropriate word describing the family relationship.*

1. Bill Clinton est _____ de Hillary Clinton.

2. Barbara Bush est _____ de George Bush.

3. Michael Douglas est _____ de Kirk Douglas.

4. Serena est _____ de Venus Williams.

5. Homer Simpson est le père dans la _____ Simpson.

6. Homer et Marge ont trois _____.

**Les conjugaisons des verbes réguliers en -*er*.**

| | JE/IL/ELLE | TU | NOUS | VOUS | ILS/ELLES |
|---|---|---|---|---|---|
| 1. danser | _____ | _____ | _____ | _____ | _____ |
| 2. parler | _____ | _____ | _____ | _____ | _____ |
| 3. trouver | _____ | _____ | _____ | _____ | _____ |
| 4. travailler | _____ | _____ | _____ | _____ | _____ |
| 5. chanter | _____ | _____ | _____ | _____ | _____ |

**Devinez qui est la personne!** (*Guess who the person is!*)  *You may give the name of the person in English and look up the French name in the key.*

1. Je suis un personnage créé par Charles Perrault. Je suis une fille. J'ai un père et une belle-mère. J'ai aussi deux belles-sœurs. Dans ma chambre, il y a des rats et des souris qui sont mes amis. Je travaille beaucoup dans la maison. Ma belle-mère et mes belles-sœurs ne travaillent pas. Mais, un jour, je suis au palais du roi et je danse avec son fils, le prince. Le prince m'épouse et je suis très heureuse. _____

2. Moi aussi, je suis un personnage de Charles Perrault. Je suis aussi une fille. Je suis en route pour la maison de ma grand-mère. Il y a des oiseaux, des vaches, des chevaux, des ânes et des renards sur la route. J'adore les animaux. Je marche dans la forêt. Mais voilà un loup! Oh non! Il veut me manger! À l'aide! _____

3. Je suis une fille inventée par les frères Grimm. Mon frère Hansel et moi, nous marchons et nous marchons très longtemps dans la forêt. Nous arrivons à une maison faite de pain d'épices. Nous commençons à manger le pain d'épices. Une vieille dame nous invite à entrer dans la maison. Mais elle veut manger mon frère! Un jour, je jette (*I throw*) la dame dans le four (*oven*). _____

## EXERCICE R1·7

**Qui paie?** *At the beginning of the school year, who pays for the following items? Mark an X in the correct column.*

|  | (É) L'ÉCOLE | (S) L'ÉTUDIANT/L'ÉTUDIANTE |
|---|---|---|
| 1. le crayon | _____ | _____ |
| 2. le feutre | _____ | _____ |
| 3. le stylo | _____ | _____ |
| 4. le bureau | _____ | _____ |
| 5. la carte | _____ | _____ |
| 6. le cahier | _____ | _____ |
| 7. la lumière | _____ | _____ |
| 8. le papier | _____ | _____ |
| 9. la règle | _____ | _____ |
| 10. le tableau | _____ | _____ |

## EXERCICE R1·8

**Écrivez!** *Write the following sentences.*

1. I study for school every day.

_____

2. I have a French class on Mondays and Wednesdays.

_____

3. My parents pay for my paper, my notebooks, my pens, and my pencils.

_____

4. The students watch Tintin on Fridays.

_____

5. There is no map in the class.

_____

6. But there are ten dictionaries in my class.

   _____

7. In my family there is a mother, a father, two boys, and a girl.

   _____

8. My uncle has two lambs, three pigs, and four horses.

   _____

**·II·**

## Grammar

## Vocabulary

## Fun facts

# Clothing
# -Er verb endings

---

**VOCABULAIRE**

## Les vêtements (*Clothes*)

| | | | |
|---|---|---|---|
| belt | **la ceinture** | pajamas | **le pyjama** |
| boot | **la botte** | man's shirt | **la chemise** |
| cap | **la casquette** | woman's shirt | **le chemisier** |
| clothes | **les vêtements** (*m.*) | shoe | **la chaussure** |
| coat | **le manteau** | skirt | **la jupe** |
| dress | **la robe** - une | sock | **la chaussette** |
| hat | **le chapeau** | sweater | **le pull** -un |
| pants | **le pantalon** | T-shirt | **le tee-shirt** |
| | un | | |

---

**EXERCICE**

**6·1**

### Écrivez des phrases! (*Write sentences!*)

1. I wear pants and a sweater.

   *Je porte un pantalon et un pull*

2. My mother wears a dress.

   *Ma*

3. We do not wear socks in the shower.

   _____

4. My dad does not wear a cap at the office.

   _____

5. My sister wears her skirt with a belt.

   _____

6. My brother wears a hat and a coat.

   _____

**Identifiez!**   *Write the French word for each piece of clothing.*

1. _____

2. _____

3. _____

4. _____

5. _____

6. _____

7. _____

8. _____

9. _____

10. _____

11. _____

12. _____

13. _____

14. _____

## Everyday words

| | | | |
|---|---|---|---|
| a little (of) | **un peu (de/d')** | more (of) | **plus (de/d')** |
| a lot (of) | **beaucoup (de/d')** | sometimes | **quelquefois** |
| also/as well | **aussi** | today | **aujourd'hui** |
| always | **toujours** | when | **quand** |

EXERCICE
6·3

**Écrivez des phrases!** (*Write sentences!*)

1. I study French every day.

   _____

2. My teacher always wears a hat.

   _____

3. But today he wears a cap.

   _____

4. The students do not speak when the teacher is impatient (**impatient**).

   _____

5. We speak a lot when the teacher is patient (**patient**).

   _____

6. We do not watch a lot of TV when we have an assignment.

   _____

7. There is less noise (**bruit**) when there are fewer students in the class.

   _____

8. The girls wear skirts when they dance.

   _____

9. They sing more when the music (**la musique**) is pop (**du pop**).

   _____

10. Sometimes my father watches when I play soccer.

    _____

# Regular -er verb endings

| SUBJECT | VERB ENDING | SUBJECT | VERB ENDING |
|---------|-------------|---------|-------------|
| je | **-e** | nous | **-ons** |
| tu | **-es** | vous | **-ez** |
| il/elle/on | **-e** | ils/elles | **-ent** |

## EXERCICE 6·4

Conjugate the following regular **-er** verbs.

| | JE | TU | IL/ELLE | NOUS | VOUS | ILS/ELLES |
|---|---|---|---|---|---|---|
| 1. aimer | | | | | | |
| *to like/love* | _____ | _____ | _____ | _____ | _____ | _____ |
| 2. rêver | | | | | | |
| *to dream* | _____ | _____ | _____ | _____ | _____ | _____ |
| 3. nommer | | | | | | |
| *to name* | _____ | _____ | _____ | _____ | _____ | _____ |
| 4. rester | | | | | | |
| *to stay* | _____ | _____ | _____ | _____ | _____ | _____ |
| 5. créer | | | | | | |
| *to create* | _____ | _____ | _____ | _____ | _____ | _____ |
| 6. adorer | | | | | | |
| *to adore* | _____ | _____ | _____ | _____ | _____ | _____ |

## Faits divers (*Fun facts*)

### Coco Chanel

Gabrielle est la fille d'Albert et de Jeanne Chanel. La jeune fille chante dans un café. Les clients adorent la jeune femme et la nomment « Coco ». Mais elle rêve d'être célèbre (*famous*). À la longue Coco va révolutionner la mode de Paris et la mode mondiale. Elle rejette le corset et libère le corps (*body*) de la femme; elle crée un style de vêtements pour femmes très avant-garde. Elle présente le cardigan et la petite robe noire qui restent classiques. Coco crée aussi les pantalons à pattes d'éléphant (*bell-bottom*). De plus, elle introduit le parfum « Chanel No. 5 ».

# -Ir verbs
# Food and beverages

## Conjugation of regular -ir verbs

**choisir** *to choose*

| je | choisis | nous | choisissons |
|----|---------|------|-------------|
| tu | choisis | vous | choisissez |
| il | choisit | ils | choisissent |
| elle | choisit | elles | choisissent |
| on | choisit | | |

**finir** *to finish*

| je | finis | nous | finissons |
|----|-------|------|-----------|
| tu | finis | vous | finissez |
| il | finit | ils | finissent |
| elle | finit | elles | finissent |
| on | finit | | |

---

VOCABULAIRE

### Les choses à manger et à boire (*Things to eat and drink*)

#### La nourriture (*Food*)

| baguette | **la baguette** | jam | **la confiture** |
|----------|-----------------|-----|------------------|
| bread | **le pain** | meat | **la viande** |
| cake | **le gâteau** | pasta | **les pâtes** (*f.*) |
| cereal | **les céréales** (*f.*) | pizza | **la pizza** |
| cheese | **le fromage** | rice | **le riz** |
| chicken | **le poulet** | salad | **la salade** |
| eggs | **les œufs** (*m.*) | sorbet | **le sorbet** |
| fish | **le poisson** | toast | **le pain grillé** |
| French fries | **les frites** (*f.*) | tomato | **la tomate** |
| fruit | **les fruits** (*m.*) | vegetables | **les légumes** (*m.*) |
| ice cream | **la glace** | | |

#### Les boissons (*Beverages*)

| chocolate milk | **le lait au chocolat** | milk | **le lait** |
|----------------|-------------------------|------|-------------|
| coffee | **le café** | tea | **le thé** |
| juice | **le jus** | water | **l'eau** (*f.*) |
| lemonade | **la limonade** | wine | **le vin** |

**Écrivez des phrases!** (*Write sentences!*)

1. I finish the pasta.

_____

2. You (*fam.*) finish the pizza.

_____

3. We finish the salad.

_____

4. The children finish the ice cream.

_____

5. She finishes the baguette.

_____

6. I choose the wine.

_____

7. He chooses the sorbet.

_____

8. We choose the water.

_____

9. The children choose the chocolate milk.

_____

10. My parents choose the coffee.

_____

**Quand choisissez-vous cela?** (*When do you choose this?*)   *Mark an X in the appropriate column for each meal during which you typically choose to eat the foods listed below:* (**a**) **le petit déjeuner** (*breakfast*), (**b**) **le déjeuner** (*lunch*), (**c**) **le dîner** (*dinner*), *or* (**d**) **le dessert** (*dessert*). (*Answers may vary.*)

| | (A) LE PETIT DÉJEUNER | (B) LE DÉJEUNER | (C) LE DÎNER | (D) LE DESSERT |
|---|---|---|---|---|
| 1. le pain | _____ | _____ | _____ | _____ |
| 2. les céréales | _____ | _____ | _____ | _____ |

| | (A) LE PETIT DÉJEUNER | (B) LE DÉJEUNER | (C) LE DÎNER | (D) LE DESSERT |
|---|---|---|---|---|
| 3. les légumes | _____ | _____ | _____ | _____ |
| 4. le poulet | _____ | _____ | _____ | _____ |
| 5. le gâteau | _____ | _____ | _____ | _____ |
| 6. le pain grillé | _____ | _____ | _____ | _____ |
| 7. la salade | _____ | _____ | _____ | _____ |
| 8. les fruits | _____ | _____ | _____ | _____ |
| 9. les œufs | _____ | _____ | _____ | _____ |
| 10. le riz | _____ | _____ | _____ | _____ |

## VOCABULAIRE

### Everyday words

| | | | |
|---|---|---|---|
| (in) the afternoon | **l'après-midi** (*m.*) | cup | **la tasse** |
| (in) the evening | **le soir** | glass | **le verre** |
| (in) the morning | **le matin** | plate | **l'assiette** (*f.*) |
| first | **d'abord** | then | **ensuite** |

**EXERCICE**

**7·3**

**Écrivez des phrases!** (*Write sentences!*)

1. I eat cereal every morning.

   _____

2. I always choose chicken when I eat at the restaurant.

   _____

3. There is a lot of pasta in my plate.

   _____

4. First we choose the meat, then we choose the wine.

   _____

5. In the evening, I always eat a little bit of salad with my dinner.

   _____

6. In the morning, I have a cup of coffee, a slice of toast, and two eggs.

_____

7. In France (**En France**), I choose French fries for my lunch and my dinner.

_____

8. There are four glasses of wine on the table.

_____

## Faits divers (*Fun facts*)

### La cuisine française (*French cuisine*)

- Pour un repas complet français, on mange généralement d'abord un hors-d'œuvre, ensuite un plat principal, une salade, un ou deux fromages et on finit avec les fruits.
- Il y a toujours une baguette et d'autres sortes de pain sur la table au petit déjeuner, au déjeuner et au dîner.
- Le petit déjeuner typique en France, c'est le pain avec le beurre et la confiture et, quelquefois, les céréales. Le petit déjeuner spécial, c'est les croissants et les petits pains au chocolat, et quelquefois les œufs avec le pain grillé.
- Les Français consomment beaucoup de vin (chaque habitant consomme cinquante-huit litres par an). Ils consomment aussi beaucoup d'eau minérale.

# -Ir verb endings
# Common -ir verbs

## Regular -ir verb endings

| SINGULAR SUBJECT | VERB ENDING | PLURAL SUBJECT | VERB ENDING |
|---|---|---|---|
| je | -is | nous | -issons |
| tu | -is | vous | -issez |
| il | -it | ils | -issent |
| elle | -it | elles | -issent |
| on | -it | | |

---

### VOCABULAIRE

### Quelques verbes en -ir (A few -ir verbs)

| | | | |
|---|---|---|---|
| to choose | **choisir** | to turn red/blush | **rougir** |
| to finish | **finir** | to turn white | **blanchir** |
| to succeed | **réussir** | to turn yellow | **jaunir** |
| to gain weight | **grossir** | to age/grow old | **vieillir** |
| to lose weight | **maigrir** | to ripen | **mûrir** |
| to turn brown | **brunir** | to spoil | **pourrir** |

---

### EXERCICE
### 8·1

**Traduisez!** (*Translate!*)

1. You (*pl.*) finish. _____

2. They (*m.*) blush. _____

3. We lose weight. _____

4. She turns brown. _____

5. I gain weight. _____

6. She ages. _____

7. He succeeds. _____

8. They (*f.*) spoil. _____

9. You (*fam.*) choose. _____

10. They (*m.*) ripen. _____

EXERCICE
8·2

**Vrai ou faux?** (*True or false?*)   Write **V** for **vrai** (*true*) or **F** for **faux** (*false*) for each statement depending on whether it is logical or not.

1. _____ J'adore la cuisine italienne. Je choisis le riz.

2. _____ Quelle horreur! Les bananes rougissent!

3. _____ D'abord les fruits mûrissent et ensuite nous les mangeons.

4. _____ Mais quelquefois les fruits vieillissent et ensuite ils pourrissent.

5. _____ Quand tu manges beaucoup, tu maigris.

6. _____ Quand tu manges moins, tu mûris.

7. _____ Quand les personnes restent au soleil (*in the sun*), elles brunissent.

8. _____ J'adore les céréales le matin. Je vieillis.

| VOCABULAIRE |

## Everyday words

| because | **parce que/qu'** | fast | **vite** | in the sun | **au soleil** |

EXERCICE
8·3

**Écrivez des phrases!** (*Write sentences!*)

1. I choose pizza when I am at the Italian restaurant.

_____

2. Sometimes she blushes because she is shy.

_____

3. She loses weight because she ages.

_____

4. Fruit and vegetables spoil fast when they are not in the refrigerator.

_____

5. Tomatoes ripen and turn red fast in the sun.

   _____

6. We succeed when we work a lot.

   _____

7. I finish each sentence.

   _____

8. My brother gains weight when he eats a lot.

   _____

EXERCICE

8·4

**Vrai ou faux?** (*True or false?*)

1. _____ Les œufs pourrissent.

2. _____ La baguette maigrit dans l'assiette.

3. _____ Les céréales rougissent dans le lait.

4. _____ Les bananes jaunissent au soleil.

5. _____ Le poisson choisit le toast.

6. _____ Le riz blanchit dans l'eau chaude (*hot*).

7. _____ Le vin brunit toujours vite.

8. _____ La limonade mûrit.

## Faits divers (*Fun facts*)

### Les fleurs et les couleurs (*Flowers and colors*)

Beaucoup de verbes réguliers en -*ir* sont dérivés du nom d'une couleur. Observez!

- blanchir (*to turn white*): Les lys (*lilies*) blanchissent.
- bleuir (*to turn blue*): Les pétales du myosotis (*forget-me-not*) bleuissent.
- brunir (*to turn brown*): Le cœur des tournesols (*the heart of the sunflowers*) brunit.
- jaunir (*to turn yellow*): Les pétales des tournesols jaunissent.
- noircir (*to turn black*): Les pétales noircissent quand ils vieillissent.
- rougir (*to turn red*): Les pétales des coquelicots (*poppies*) rougissent.
- verdir (*to turn green*): Les tiges (*stems*) des fleurs verdissent.
- Jeu (*Game*): Je t'aime un peu, beaucoup, passionnément, à la folie…

# Adjectives
# Colors
# Likes and dislikes

### Two-form adjectives

|  | SINGULAR | PLURAL |
| --- | --- | --- |
|  | jeune | jeunes |

### Three-form adjectives

|  | SINGULAR | PLURAL | SINGULAR | PLURAL |
| --- | --- | --- | --- | --- |
| MASCULINE | gris | gris | heureux | heureux |
| FEMININE | grise | grises | heureuse | heureuses |

### Four-form adjectives

|  | SINGULAR | PLURAL | SINGULAR | PLURAL |
| --- | --- | --- | --- | --- |
| MASCULINE | petit | petits | grand | grands |
| FEMININE | petite | petites | grande | grandes |

NOTEZ    Adjectives with two forms vary only in number (singular or plural), whereas adjectives with four forms vary in both gender and number. However, adjectives derived from the names of *fruit*, such as **orange** (*orange*) or **marron** (*chestnut brown*) are invariable they do not change in number or gender.

## Position of adjectives

Most French adjectives follow the noun. Colors always follow the noun they describe.

une fleur jaune    *a yellow flower*    le thé vert    *the green tea*

---

**VOCABULAIRE**

### Les couleurs (*Colors*)

| black | **noir** | orange | **orange** |
| --- | --- | --- | --- |
| blue | **bleu** | pink | **rose** |
| brown | **brun** | purple | **violet** |
| brown | **marron** | red | **rouge** |
| gray | **gris** | white | **blanc** |
| green | **vert** | yellow | **jaune** |

NOTEZ  The feminine form of **blanc** is **blanche**; the feminine form of **violet** is **violette**.

---

**Traduisez!** (*Translate!*)

1. the green salad _____

2. the white egg _____

3. the brown rice _____

4. the pink ice cream _____

5. the yellow rice _____

6. the green tea _____

7. the white milk _____

8. the red juice _____

9. the orange juice _____

10. a purple salad _____

11. the black coffee _____

12. the gray tea _____

**De quelle couleur est... ?** (*What color is . . . ?*) *Write a complete sentence in which you indicate the most usual color of each item.*

1. De quelle couleur est la tomate?

_____

2. De quelle couleur est la glace au chocolat?

_____

3. De quelle couleur est la soupe au brocoli?

_____

4. De quelle couleur est le chocolat?

_____

5. De quelle couleur est le maïs (*corn*)?

_____

6. De quelle couleur est le jus d'orange?

_____

7. De quelle couleur est le céleri?

_____

8. De quelle couleur est la betterave (*beet*)?

_____

9. De quelle couleur est le café?

_____

10. De quelle couleur est le lait?

_____

# Expressing likes and dislikes

| | |
|---|---|
| J'aime... un peu. | *I like . . . a little.* |
| J'aime... beaucoup. | *I like . . . a lot.* |
| Je n'aime pas... | *I do not like . . . .* |
| Je n'aime pas du tout... | *I do not like . . . at all.* |
| J'adore... | *I love . . .* |

Notez    When expressing likes and dislikes of foods in general, use the definite article **le, la, l'**, or **les** before the name of the food: **J'aime les œufs** (*I like eggs*).

EXERCICE
9·3

**Écrivez des phrases!** (*Write sentences!*)

1. I love French fries and green salad.

_____

2. I do not like coffee at all.

_____

3. I like croissants a lot in the morning.

_____

4. I love chocolate ice cream.

_____

5. I do not like cake at all.

_____

6. Sometimes I like milk in the evening.

_____

7. I like vegetables a little.

_____

8. I do not like cereal.

_____

9. I like a baguette a lot in the morning and in the evening.

_____

10. I like a little bit of water with my wine.

_____

## Faits divers (*Fun facts*)

### La personnalité et les couleurs (*Personality and colors*)

Les couleurs reflètent la personnalité? Chaque individu préfère une certaine couleur? Quelle est votre couleur favorite? Est-ce que la couleur représente effectivement votre personnalité?

◆ Ma couleur favorite est le rouge: je suis passionné(e) et j'aime le risque.

◆ Ma couleur favorite est le marron: Je suis honnête et j'aime la stabilité.

◆ Ma couleur favorite est le jaune: Je suis dynamique et j'aime la joie de vivre.

◆ Ma couleur favorite est le vert: Je suis optimiste et j'adore les projets.

◆ Ma couleur favorite est le bleu: Je suis responsable et j'aime les arts.

◆ Ma couleur favorite est le noir: Je suis discrète. J'aime l'élégance simple.

◆ Ma couleur favorite est le blanc: Je suis idéaliste et j'adore rêver (*to dream*).

# Descriptive adjectives
# More than

## Quelques adjectives de description
### (*Some descriptive adjectives*)

Two-form descriptive adjectives: these adjectives have one single form in the singular (masculine and feminine) and one single form in the plural (masculine and feminine).

| | SINGULAR (MASCULINE AND FEMININE) | PLURAL (MASCULINE AND FEMININE) |
|---|---|---|
| energetic | **énergique** | **énergiques** |
| famous | **célèbre** | **célèbres** |
| nice/kind | **aimable** | **aimables** |
| rich | **riche** | **riches** |
| sincere | **sincère** | **sincères** |
| responsible | **responsable** | **responsables** |
| shy | **timide** | **timides** |
| slim | **mince** | **minces** |
| weak | **faible** | **faibles** |
| young | **jeune** | **jeunes** |

Three-form adjectives: these adjectives have the same form in the masculine singular and plural but different forms in feminine singular and plural forms.

| | SINGULAR AND PLURAL | SINGULAR | PLURAL |
|---|---|---|---|
| | MASCULINE | FEMININE | FEMININE |
| courageous | **courageux** | **courageuse** | **courageuses** |
| curious | **curieux** | **curieuse** | **curieuses** |
| delicious | **délicieux** | **délicieuse** | **délicieuses** |
| generous | **généreux** | **généreuse** | **généreuses** |
| happy | **heureux** | **heureuse** | **heureuses** |
| serious | **sérieux** | **sérieuse** | **sérieuses** |

Four-form descriptive adjectives: these adjectives change from masculine to feminine and from singular to plural.

| | SINGULAR | | PLURAL | |
|---|---|---|---|---|
| | MASCULINE | FEMININE | MASCULINE | FEMININE |
| active | **actif** | **active** | **actifs** | **actives** |
| athletic | **sportif** | **sportive** | **sportifs** | **sportives** |
| big | **grand** | **grande** | **grands** | **grandes** |
| fun | **amusant** | **amusante** | **amusants** | **amusantes** |
| intelligent | **intelligent** | **intelligente** | **intelligents** | **intelligentes** |
| small | **petit** | **petite** | **petits** | **petites** |
| strong | **fort** | **forte** | **forts** | **fortes** |

| | SINGULAR | | PLURAL | |
|---|---|---|---|---|
| | MASCULINE | FEMININE | MASCULINE | FEMININE |
| polite | **poli** | **polie** | **polis** | **polies** |
| old | **âgé** | **âgée** | **âgés** | **âgées** |
| pretty | **joli** | **jolie** | **jolis** | **jolies** |
| ugly | **laid** | **laide** | **laids** | **laides** |

NOTEZ  Adjectives such as **super** that come from English, adjectives that come from edible items such as **marron** (*chestnut*), and abbreviated adjectives such as **sympa** (from **sympathique**—*nice*) are invariable. They do not change in gender or number.

EXERCICE
**10·1**

**Descriptions!** (*Descriptions!*)  Write the plural form of each adjective-noun phrase, and then translate each plural phrase into English.

EXEMPLES: le grand dictionnaire      *les grands dictionnaires      the big dictionaries*

un papier blanc                *des papiers blancs      (some) white papers*

PLURAL                TRANSLATION

1. la petite fille _____ _____

2. la dame mince _____ _____

3. le grand garçon _____ _____

4. une mère sérieuse _____ _____

5. un père amusant _____ _____

6. un chien super _____ _____

7. une personne sociable _____ _____

8. la fleur blanche _____ _____

9. le livre bleu _____ _____

10. le feutre rouge _____ _____

11. l'oncle riche _____ _____

12. une tante sympa _____ _____

13. un professeur passionné _____ _____

14. un frère âgé _____ _____

15. une sœur généreuse _____ _____

16. une fille sportive _____ _____

17. un gâteau délicieux _____ _____

18. une boisson délicieuse _____ _____

**Vrai ou faux?** (*True or false?*)

1. _____ Arnold Schwarzenegger est mince et faible.

2. _____ Bill Gates est intelligent.

3. _____ Shaquille O'Neal est grand et fort.

4. _____ Les étudiants sont généralement polis avec le directeur.

5. _____ Cendrillon est heureuse dans la maison de sa belle-mère.

6. _____ Les sœurs de Cendrillon sont aimables.

7. _____ La belle-mère de Cendrillon est généreuse.

8. _____ Le prince dans *Cendrillon* est riche.

9. _____ Hansel et Gretel sont très petits.

10. _____ La dame âgée dans l'histoire de *Hansel et Gretel* est jolie.

---

VOCABULAIRE

## Everyday words

| | |
|---|---|
| his/her | **son/sa/ses** |
| handsome /beautiful | **beau(x)/belle(s)** |
| new | **nouveau(x)/nouvelle(s)** |

NOTEZ  To express *his* or *her*, use **son** before a masculine singular noun and before any singular noun starting with a vowel sound. Use **sa** before a feminine singular noun starting with a consonant. Finally, use **ses** before any plural noun. The adjectives **beau** and **nouveau** end in **x** in the masculine plural forms.

---

**Écrivez des phrases!** (*Write sentences!*)

1. She is active and her brother is athletic.

   _____

2. His sons are handsome and his daughters are beautiful.

   _____

3. The girl is little but her brother is tall.

   _____

4. Her dog is brown and energetic.

_____

5. His flowers are big, white, and beautiful.

_____

# Comparing with *more than*

more + adjective + than                               **plus** + adjective + **que/qu'**
Her brother is taller (more tall) than she (is).       **Son frère est plus grand qu'elle.**

**EXERCICE**
**10·4**

**Vrai ou faux?** (*True or false?*)

1. _____ Un jeune chien est plus énergique qu'un chien âgé.

2. _____ La France est plus grande que le Canada.

3. _____ L'océan Pacifique est plus petit que la mer Méditerranée.

4. _____ Un éléphant est plus fort qu'un singe.

5. _____ La Maison Blanche est plus belle que ma maison.

6. _____ Un myosotis est plus faible qu'un tournesol.

7. _____ Les acrobates sont plus amusants que les clowns.

8. _____ Les millionnaires sont plus riches que nous.

## Faits divers (*Fun facts*)

### Astérix et Obélix

Dans la bande dessinée, Astérix est petit mais fort et courageux. Son compagnon Obélix est énorme, sensible et très fort aussi. Obélix mange beaucoup plus qu'Astérix et il est plus fort qu'Astérix excepté quand Astérix boit (*drinks*) la potion magique. Mais Astérix est plus intelligent qu'Obélix. Les deux compagnons sont super!

# Leçons 6–10

EXERCICE
R2·1

**Vocabulaire**   *Write the English infinitive for each of the following verbs.*

1. finir
    _____

2. parler
    _____

3. regarder
    _____

4. choisir
    _____

5. étudier
    _____

6. chanter
    _____

7. grossir
    _____

8. créer
    _____

9. présenter
    _____

10. maigrir
    _____

11. blanchir
    _____

12. danser
    _____

13. porter
    _____

14. jaunir
    _____

15. adorer
    _____

16. chanter
    _____

17. vieillir
    _____

18. rougir
    _____

19. rêver
    _____

20. réussir
    _____

**Quel est le plus grand?** *Mark an X in the correct column to indicate which of the two items in each pair is larger.*

1. _____ le numéro 4      _____ le numéro 5

2. _____ la maison      _____ la cuisine

3. _____ le cheval      _____ la poule

4. _____ le verre      _____ l'assiette

5. _____ beaucoup      _____ un peu

6. _____ le feutre      _____ le bureau

7. _____ le livre      _____ la porte

8. _____ le pyjama      _____ la chaussette

9. _____ la chemise      _____ le manteau

10. _____ un jour      _____ une semaine

**Où faites-vous généralement cela?** *Write **M**, **R**, or **É** in the column that corresponds to the place where you are more likely to do each activity: **à la maison** (at home = **M**), **au restaurant** (at the restaurant = **R**), or **à l'école** (at school = **É**). Some activities may fit in more than one column.*

| | À LA MAISON | AU RESTAURANT | À L'ÉCOLE |
|---|---|---|---|
| 1. Je regarde la télévision. | _____ | _____ | _____ |
| 2. Je dîne avec ma famille. | _____ | _____ | _____ |
| 3. Je finis un exercice. | _____ | _____ | _____ |
| 4. J'étudie le français. | _____ | _____ | _____ |
| 5. Je parle avec mon professeur. | _____ | _____ | _____ |
| 6. Je porte mon pyjama. | _____ | _____ | _____ |
| 7. Je mange des œufs bénédicte. | _____ | _____ | _____ |
| 8. Je parle au serveur. | _____ | _____ | _____ |
| 9. Je commande des frites. | _____ | _____ | _____ |
| 10. Je présente un exposé oral. | _____ | _____ | _____ |

## EXERCICE R2·4

**Un sondage** (*Survey*).   *Tell whether you like something* **un peu** (*a little*), **beaucoup** (*a lot*), *or* **pas du tout** (*not at all*) *by writing X in the appropriate column. Answers may vary.*

| | UN PEU | BEAUCOUP | PAS DU TOUT |
|---|---|---|---|
| 1. les légumes | _____ | _____ | _____ |
| 2. l'eau minérale | _____ | _____ | _____ |
| 3. le français | _____ | _____ | _____ |
| 4. les examens | _____ | _____ | _____ |
| 5. le samedi | _____ | _____ | _____ |
| 6. le gâteau au chocolat | _____ | _____ | _____ |
| 7. le poulet | _____ | _____ | _____ |
| 8. les personnes polies | _____ | _____ | _____ |
| 9. les professeurs amusants | _____ | _____ | _____ |
| 10. les chiens laid | _____ | _____ | _____ |

## EXERCICE R2·5

**Écrivez des phrases!** (*Write sentences!*)

1. When I work a lot, I succeed.

_____

2. My teachers are very serious and very responsible.

_____

3. My family is fun. My parents are great!

_____

4. Sometimes when I speak French, I blush.

_____

5. The bananas turn yellow; then they turn brown.

_____

6. We dance every Sunday.

_____

7. I love yellow rice.

_____

8. I like a green salad with my chicken.

_____

**EXERCICE R2·6**

**Vrai ou faux?** (*True or false?*)

1. _____ Les sportifs sont faibles.

2. _____ Les jeunes chiens sont énergiques.

3. _____ Sarah Palin est timide.

4. _____ George Clooney est laid.

5. _____ Lebron James est petit.

6. _____ Les acteurs célèbres sont riches.

7. _____ Les personnes généreuses donnent de l'argent (*money*) aux pauvres.

8. _____ Les pompiers (*firefighters*) sont courageux.

**EXERCICE R2·7**

**Choisissez la bonne réponse!** (*Choose the correct answer!*)

1. Sa tante est la sœur de...

   a. son père        b. son oncle        c. son cousin

2. Le jaune et le bleu donnent...

   a. le vert        b. le rouge        c. le brun

3. L'Alaska est un état...

   a. petit        b. grand        c. nouveau

4. Dans la maison de mes parents, il y a...

   a. un loup        b. un renard        c. un chat

5. Je trouve le vocabulaire français dans...

   a. mon stylo        b. mon livre        c. le tableau

6. Dans la maison typique, il y a... cuisine(s).

   a. cinq          b. trois          c. une

7. Mes chaussettes sont plus... que mes chaussures.

   a. nouvelles     b. curieuses      c. actives

8. Les membres des Beatles...

   a. vieillissent  b. brunissent     c. grossissent

9. Dans la classe de français, nous finissons...

   a. le vin        b. les exercices  c. les couleurs

10. La tour Eiffel est plus... que l'Empire State Building.

    a. célèbre      b. petite         c. amusante

## Faits divers (*Fun facts*)

### Les personnages de Disney (*Disney's characters*)

Les animaux dans les films de Disney portent des vêtements. Par exemple, Mickey porte des gants blancs et des chaussures jaunes. Donald, le canard, porte une veste bleue et une petite casquette bleue.

Dans *La Belle et la bête*, il y a une jolie jeune fille. C'est Belle. Il y a aussi une bête très laide qui se transforme en prince.

Pinocchio est d'abord un pantin de bois très naïf. Il écoute le loup et le renard et fait des bêtises. Ensuite le courageux Pinocchio sauve son père Geppetto d'une grosse baleine. À la fin de l'histoire, il se transforme en vrai garçon.

## Grammar

## Vocabulary

## Fun facts

# Regular -re verbs
# Common -re verbs

## Conjugation of regular -re verbs

**vendre** *to sell*

| je | vends | nous | vendons |
|----|-------|------|---------|
| tu | vends | vous | vendez |
| il | vend | ils | vendent |
| elle | vend | elles | vendent |
| on | vend | | |

**perdre** *to lose*

| je | perds | nous | perdons |
|----|-------|------|---------|
| tu | perds | vous | perdez |
| il | perd | ils | perdent |
| elle | perd | elles | perdent |
| on | perd | | |

---

### VOCABULAIRE

**Quelques verbes en** *-re* (A *few* **-re** *verbs*)

| to answer | **répondre (à)** | to lose | **perdre** |
|-----------|------------------|---------|------------|
| to defend | **défendre** | to return | **rendre** |
| to go down/to get off | **descendre** | to sell | **vendre** |
| to hear | **entendre** | to wait for | **attendre** |

---

### EXERCICE
### 11·1

**Écrivez des phrases!** (*Write sentences!*)

1. I wait for my parents.

_____

2. A mother defends her children.

_____

3. We go down the stairway.

_____

4. Sometimes you (*pl.*) lose a match.

   _____

5. He sells his house.

   _____

6. You (*fam.*) return the book.

   _____

7. I hear the question.

   _____

8. The students answer many questions.

   _____

EXERCICE

11·2

**Choisissez la fin appropriée de chaque phrase!** (*Choose the appropriate ending for each sentence!*)

1. _____ Le chien défend          a.  des livres à son professeur.

2. _____ Nous perdons             b.  au garage.

3. _____ Les professeurs entendent    c.  à la question de mon professeur.

4. _____ Il rend                  d.  son maître.

5. _____ Mon oncle vend           e.  que le film commence.

6. _____ Vous descendez           f.  les questions des étudiants.

7. _____ Nous attendons           g.  le match de tennis.

8. _____ Je réponds               h.  sa maison pour 200.000 dollars.

EXERCICE

11·3

**Vrai ou faux?** (*True or false?*)

1. _____ Les enfants vendent les maisons.

2. _____ Vous descendez de la tour Eiffel en cinq secondes.

3. _____ Les agents de police défendent les personnes civiles.

4. _____ Un employé de 911 répond vite.

5. _____ Une personne âgée entend beaucoup plus qu'une jeune personne.

6. _____ Un chien bien dressé (*well-trained*) attend son maître.

7. _____ Les joueurs avec le plus de points perdent le match.

8. _____ Les étudiants avancés répondent plus vite que les débutants en classe.

## VOCABULAIRE

### Everyday words

| | | | |
|---|---|---|---|
| cell phone | **le (téléphone) portable** | on | **sur** |
| downstairs | **en bas** | to ring | **sonner** |
| the lottery | **la loterie** | upstairs | **en haut** |
| some money | **de l'argent** (*m.*) | wallet | **le portefeuille** |

**EXERCICE**
**11·4**

**Écrivez des phrases!** (*Write sentences!*)

1. Sometimes I don't hear the telephone.

   _____

2. When my cell phone rings, I answer fast.

   _____

3. When I play the lottery, I always lose some money.

   _____

4. My parents wait for the taxi.

   _____

5. When they arrive at the restaurant, they get out (off).

   _____

6. My mother gives some money to the driver (**au chauffeur**) from her wallet.

   _____

7. I go down to the living room and I watch tennis on the big television.

   _____

8. But my favorite player (**joueur favori**) loses the match.

   _____

## Faits divers (*Fun facts*)

### Un film français (A *French movie*)

Dans le film *Six heures à perdre* (*Six Hours to Lose*), un passager descend de son train et attend un autre train pendant six heures. Mais un chauffeur particulier prend (*takes*) le passager pour son employeur, un homme riche, un ambassadeur. Le passager passe six heures dans la famille de l'ambassadeur et résout beaucoup de problèmes. La fin du film est inattendue (*unexpected*).

# Asking questions
# Interrogatives

## Asking simple questions

| STATEMENT | SIMPLE QUESTION | SIMPLE QUESTION | SIMPLE QUESTION |
|---|---|---|---|
| | RISING PITCH OF VOICE | **EST-CE QUE/QU'** + STATEMENT | INVERSION |
| Il étudie. | Il étudie? | Est-ce qu'il étudie? | Étudie-t-il? |
| *He studies.* | *Does he study?* | *Does he study?* | *Does he study?* |

NOTEZ    The inserted **-t-** is necessary in inversions with regular **-er** verbs in the third person singular with the subjects **il, elle**, and **on**.

The answer to an affirmative simple question is **oui** (*yes*) or **non** (*no*). However, a *yes* answer to a negative simple question is **si**.

**EXERCICE**
## 12·1

**Répondez oui/si ou non!** (*Answer yes or no.*)    *Answers may vary.*

1. Tes parents jouent à la loterie chaque jour? _____

2. Il n'y a pas de bureau dans la classe de français? _____

3. Tu perds de l'argent quelquefois? _____

4. Tu attends l'autobus le samedi? _____

5. Tu réponds vite au téléphone? _____

6. Il n'y a pas de télévision dans ta maison? _____

7. Tu as des frères? _____

8. Tes professeurs sont sympa? _____

**Écrivez chaque question avec la syntaxe d'une déclaration!** (*Write each question using the word order of a statement!*)  *Use the familiar forms (***tu** *and* **ton, ta, tes***).*

1. Do you study a lot?

_____

2. Do you play tennis every day?

_____

3. Do you like French?

_____

4. Are your teachers nice?

_____

5. Is there a map in your classroom?

_____

6. Does your mother work?

_____

7. Is your cell phone upstairs?

_____

8. Do your parents hear the phone?

_____

**Écrivez chaque question avec** *est-ce que***!** (*Write each question with* **est-ce que***!*)

1. Do you (*form.*) answer?

_____

2. Does she play the lottery?

_____

3. Do you (*pl.*) like French fries?

_____

4. Are your (*fam.*) parents generous?

_____

5. Are the girls waiting?

_____

6. Do you (*form.*) hear the phone?

_____

7. Is your (*form.*) cell phone upstairs?

_____

8. Do you (*pl.*) blush?

_____

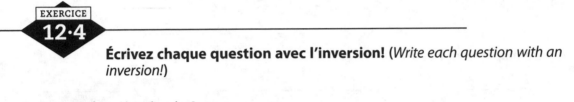

EXERCICE
12·4

**Écrivez chaque question avec l'inversion!** (*Write each question with an inversion!*)

1. Do you (*form.*) study a lot?

_____

2. Do you (*form.*) play tennis every day?

_____

3. Do we like French?

_____

4. Are they (*m.*) nice?

_____

5. Is she beautiful?

_____

6. Do you (*form.*) get off here?

_____

7. Do they (*m.*) finish the exercise?

_____

8. Does she sell (some) houses?

_____

# Asking complex questions

| STATEMENT/ANSWER | COMPLEX QUESTION | COMPLEX QUESTION |
|---|---|---|
| **EST-CE QUE/QU'** | INVERSION | |
| Elle travaille en France. | Où est-ce qu'elle travaille? | Où travaille-t-elle? |

---

**VOCABULAIRE**

## Question words

| How? | **Comment est-ce que/qu'** + *statement*? | **Comment** + *inversion*? |
|---|---|---|
| What? | **Qu'est-ce que** + *statement*? | **Que/Qu'** + *inversion*? |
| When? | **Quand est-ce que/qu'** + *statement*? | **Quand** + *inversion*? |
| Where? | **Où est-ce que/qu'** + *statement*? | **Où** + *inversion*? |
| Why? | **Pourquoi est-ce que/qu'** + *statement*? | **Pourquoi** + *inversion*? |

EXERCICE
**12·5**

**Choisissez la réponse logique à chaque question.** (*Choose the appropriate answer for each question.*)

1. _____ Dans la classe de français.
2. _____ Je n'ai pas d'argent.
3. _____ Le soir.
4. _____ Les frites et le poulet.
5. _____ Un film d'aventure.
6. _____ Il est super!
7. _____ Elle a une nouvelle voiture.
8. _____ Le matin.

a. Quand est-ce que tu étudies?
b. Qu'est-ce qu'il y a à la télévision?
c. Pourquoi est-elle heureuse?
d. Comment est le film?
e. Quand manges-tu tes céréales?
f. Où parles-tu français?
g. Qu'est-ce que tu aimes manger?
h. Pourquoi vends-tu ton iPod?

---

**VOCABULAIRE**

## Everyday words

| because | **parce que/qu'** |
|---|---|
| here | **ici** |
| during | **pendant** |
| there | **là** |
| while | **pendant que/qu'** |
| over there | **là-bas** |

**Écrivez des questions et des réponses!** (*Write questions and answers!*)   Use **est-ce que** *for numbers 1–4, and use an inversion for numbers 5–8.*

1. When do you (*fam.*) eat? —I eat in the morning.

   _____

2. What do the students like? —They like chocolate milk.

   _____

3. Where do the girls dance every day? —They dance here at school.

   _____

4. Why do you (*pl.*) study French? —Because we love French.

   _____

5. When do you (*fam.*) speak to your parents? —In the evening, during dinner.

   _____

6. Where do you (*fam.*) get off? —I get off over there.

   _____

7. How do they (*m.*) finish so (**si**) fast? —They are serious during class.

   _____

8. Why do you (*fam.*) blush? —Because I'm shy.

   _____

## Faits divers (*Fun facts*)

### Les fêtes populaires (*Popular celebrations*)

Quand est-ce que les Français célèbrent la fête de la Bastille? —C'est le 14 juillet.
Comment célèbrent-ils la fête de la Bastille? —Il y a des feux d'artifice et ils dansent.
Où est-ce qu'ils dansent? —Ils dansent dans les rues, dans les cafés et dans les salles de bal.

Pourquoi est-ce que les Américains célèbrent Thanksgiving? —C'est en commémoration de l'arrivée des pèlerins en Amérique. Que mangent-ils pendant la fête de Thanksgiving? —Ils mangent de la dinde et du gâteau au potiron.

# The verb être
# Occupations

## Conjugation of être

**être** *to be*

| | | | |
|---|---|---|---|
| je | suis | nous | sommes |
| tu | es | vous | êtes |
| il | est | ils | sont |
| elle | est | elles | sont |
| on | est | | |

---

**VOCABULAIRE**

### Les occupations (*Occupations*)

| | MASCULINE | FEMININE |
|---|---|---|
| actor/actress | **l'acteur** | **l'actrice** |
| artist | **l'artiste** (*m.*) | **l'artiste** (*f.*) |
| businessperson | **l'homme d'affaires** | **la femme d'affaires** |
| computer specialist | **l'informaticien** | **l'informaticienne** |
| dentist | **le dentiste** | **la dentiste** |
| doctor/physician | **le docteur / le médecin** | **le docteur / le médecin** |
| electrician | **l'électricien** | **l'électricienne** |
| farmer | **le fermier** | **la fermière** |
| fireman | **le pompier** | **le pompier** |
| lawyer/attorney | **l'avocat** | **l'avocate** |
| musician | **le musicien** | **la musicienne** |
| nurse | **l'infirmier** | **l'infirmière** |
| policeman/woman | **l'agent de police** (*m.*) | **l'agent de police** (*f.*) |
| politician | **le politicien** | **la politicienne** |
| principal | **le directeur** | **la directrice** |
| professor/teacher | **le professeur** | **la professeur** |
| salesperson | **le vendeur** | **la vendeuse** |
| secretary | **le secrétaire** | **la secrétaire** |
| singer | **le chanteur** | **la chanteuse** |
| waiter/waitress | **le serveur** | **la serveuse** |
| writer | **l'écrivain** | **l'écrivaine** |

NOTEZ  We have given the feminine gender to some occupations such as **l'écrivaine** (*female writer*) because this usage is now common in newspapers and everyday life, although it may not yet be sanctioned by the French Academy. Several of these forms have long been used in Canadian French.

---

# Using c'est, il est, elle est with occupations

**Il/Elle est** + *occupation*

Marie?      Elle est informaticienne.

Jean?      Il est fermier.

**C'est** + *article* + *occupation*

C'est une informaticienne.      *She is a computer specialist.*

C'est un fermier.      *He is a farmer.*

---

### EXERCICE 13·1

**Vrai ou faux?** (*True or false?*)

1. _____ Sanjay Gupta? C'est un médecin.

2. _____ Julia Roberts? C'est une chanteuse.

3. _____ Joe Biden? C'est un athlète professionnel.

4. _____ Brad Pitt? C'est un politicien.

5. _____ Hillary Clinton? C'est une politicienne.

6. _____ Renoir? C'est un artiste.

7. _____ Donald Trump? C'est un homme d'affaires.

8. _____ Stephen Hawking? C'est un fermier.

9. _____ Simone de Beauvoir? C'est une écrivaine.

10. _____ Coco Chanel? C'est une chanteuse.

---

### EXERCICE 13·2

**Traduisez de deux façons différentes avec *c'est* et avec *il/elle est*.**
(*Translate two different ways: with **c'est** and with **il/elle est**.*)

1. She is an actress.      _____      _____

2. He is a dentist.      _____      _____

3. She is a professor.      _____      _____

4. He is a lawyer.      _____      _____

5. She is a principal.      _____      _____

6. He is a salesman.      _____      _____

7. She is a nurse.      _____      _____

8. He is a musician.      _____      _____

**Traduisez selon l'exemple.** (*Translate according to the example.*)

EXEMPLE: I am a doctor.    *Je suis docteur.*

1. We are policemen. _____

2. You (*pl.*) are firefighters. _____

3. She is a lawyer. _____

4. He is a dentist. _____

5. They (*m.*) are singers. _____

6. They (*f.*) are artists. _____

7. I am a businesswoman. _____

8. You (*fam.*) are an electrician (*m.*). _____

**Révision des adjectifs.**  *Translate for both masculine and feminine subjects.*

| | MASCULINE | FEMININE |
| --- | --- | --- |
| 1. I am intelligent. | _____ | _____ |
| 2. I am small. | _____ | _____ |
| 3. I am curious. | _____ | _____ |
| 4. I am responsible. | _____ | _____ |
| 5. I am active. | _____ | _____ |
| 6. You (*pl.*) are courageous. | _____ | _____ |
| 7. You (*pl.*) are great. | _____ | _____ |
| 8. You (*fam.*) are fun. | _____ | _____ |
| 9. You (*pl.*) are tall. | _____ | _____ |
| 10. You (*fam.*) are strong. | _____ | _____ |

## Faits divers (Fun facts)

### Acteurs français (French actors)

Gérard Depardieu est un acteur français célèbre qui joue dans de nombreux films français comme *Jean de Florette* et *Astérix*. Dans le film *Cyrano de Bergerac* de 1990, Depardieu joue le rôle de Cyrano de Bergerac, un homme au nez (*nose*) très grand et aux cheveux (*hair*) très longs. Il joue aussi le rôle d'un pianiste dans le film américain *Green Card*.

Audrey Tautou est une actrice française très connue pour ses rôles dans les films *Amélie*, *Le code de Vinci* et *Coco avant Chanel*. C'est une star internationale. Elle est jolie, mince et a beaucoup de talent.

# Possessive adjectives
# Using the verb être

·14·

## Possessive adjectives

| my | mon/ma/mes | our | notre/nos |
| your (*fam.*) | ton/ta/tes | your (*form./pl.*) | votre/vos |
| his/her | son/sa/ses | their | leur/leurs |

EXERCICE
14·1

**Traduisez!** (*Translate!*)

EXEMPLE:     *my hat*     <u>mon chapeau</u>     *my hats*     <u>mes chapeaux</u>

SINGULAR                                    PLURAL

1. my map _____        my maps _____

2. your (*fam.*) book _____        your books _____

3. his house _____        his houses _____

4. our teacher _____        our teachers _____

5. their class _____        their classes _____

6. your (*form.*) brother _____        your brothers _____

7. her dog _____        her dogs _____

8. my uncle _____        my uncles _____

9. our kitchen _____        our kitchens _____

10. his shirt _____        his shirts _____

## Using être

| CLOCK TIME | Il est midi. | *It is noon.* |
| DAY OF THE WEEK | C'est mardi. | *It is Tuesday.* |
| DATE | C'est le 2 juin. | *It is June 2.* |
| OCCUPATION | Elle est médecin. / C'est un médecin. | *She is a physician.* |
| RELATIONSHIP | C'est mon cousin. | *He is / This is my cousin.* |
| NATIONALITY | Elle est américaine. | *She is American.* |

**Vrai ou faux?** (*True or false?*)

1. _____ Nicolas Sarkozy? C'est un médecin.

2. _____ Il est trois heures du matin. Je suis à l'école.

3. _____ Aujourd'hui (*Today*), c'est dimanche. Les parents travaillent.

4. _____ Monique est la mère de mon père. C'est ma grand-mère.

5. _____ La fête de la Bastille? C'est le 4 juillet.

6. _____ Thanksgiving? C'est le dernier (*last*) jeudi d'avril.

7. _____ Picasso est un artiste français.

8. _____ Audrey Tautou et Gérard Depardieu sont acteurs.

9. _____ Hemingway est américain. C'est un écrivain.

10. _____ La fête de l'Indépendance américaine, c'est le 14 juillet.

**Traduisez!** (*Translate!*)

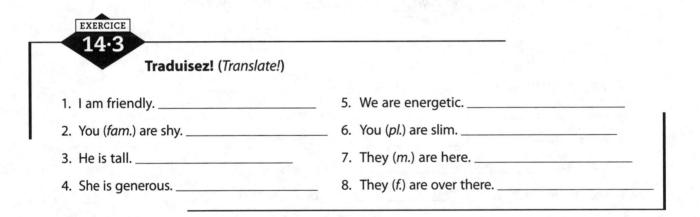

1. I am friendly. _____

2. You (*fam.*) are shy. _____

3. He is tall. _____

4. She is generous. _____

5. We are energetic. _____

6. You (*pl.*) are slim. _____

7. They (*m.*) are here. _____

8. They (*f.*) are over there. _____

| VOCABULAIRE | | | | | |
|---|---|---|---|---|---|

## Everyday words

| at what time | **à quelle heure** | late | **en retard** | on time | **à l'heure** |
|---|---|---|---|---|---|
| early | **en avance** | now | **maintenant** | who | **qui** |

*Posez des questions avec l'inversion. (Ask questions using inversion.)*

1. Where are you (*fam.*) now? _____

2. Are you (*pl.*) late? _____

3. Where is his sister? _____

4. At what time is the celebration? _____

5. What is your (*fam.*) teacher like? _____

6. Where are the students? _____

7. Are we early? _____

8. Are they (*f.*) over there? _____

**Quel pays est-ce?** *(What country is it?)*   *Name the country in French.*

1. C'est un petit pays en Europe où les habitants parlent français, allemand, romanche et italien. C'est _____.

2. C'est un très grand pays sur le continent américain où les habitants parlent français et anglais. C'est _____.

3. C'est le pays où les touristes visitent des villes (*cities*) comme Versailles et Paris. C'est _____.

4. La capitale de ce pays est Bruxelles. Les habitants parlent français et flamand. C'est _____.

5. C'est un pays d'Afrique du Nord. Les habitants parlent arabe et français. Sa capitale est Rabat. C'est _____.

# The verb avoir
# Inside the house

## Conjugation of avoir

**avoir** *to have*

| | | | |
|---|---|---|---|
| j' | ai | nous | avons |
| tu | as | vous | avez |
| il | a | ils | ont |
| elle | a | elles | ont |

---

### VOCABULAIRE

### L'intérieur de la maison (*Inside the house*)

| | | | |
|---|---|---|---|
| armchair | **le fauteuil** | lamp | **la lampe** |
| bathtub | **la baignoire** | mirror | **le miroir / la glace** |
| bed | **le lit** | painting | **le tableau** |
| bookcase | **l'étagère** (*f.*) | rug | **le tapis** |
| closet | **le placard** | shower | **la douche** |
| cupboard | **le placard** | sink (*bathroom*) | **le lavabo** |
| curtain | **le rideau** | sink (*kitchen*) | **l'évier** (*m.*) |
| dresser | **la commode** | sofa | **le sofa** |
| fireplace | **la cheminée** | wall | **le mur** |

---

### EXERCICE
### 15·1

**Écrivez des phrases!**

1. I have a lamp and a bed. _____.

2. You (*fam.*) have two closets. _____

3. She has a dresser and a mirror. _____

4. He has a rug. _____

5. We have a bookcase and a fireplace. _____

6. You (*pl.*) have two curtains. _____

7. The boys have a bathtub and a shower. _____

8. The girls have a sofa. _____

**Où est-ce?** (*Where is it?*)  In which room would you most likely find the following items?
*Mark an X on the appropriate lines.*

| | SALLE DE BAINS | CHAMBRE | CUISINE | SALON |
|---|---|---|---|---|
| 1. le lavabo | _____ | _____ | _____ | _____ |
| 2. le tableau | _____ | _____ | _____ | _____ |
| 3. la commode | _____ | _____ | _____ | _____ |
| 4. le placard | _____ | _____ | _____ | _____ |
| 5. la lampe | _____ | _____ | _____ | _____ |
| 6. la cheminée | _____ | _____ | _____ | _____ |
| 7. le sofa | _____ | _____ | _____ | _____ |
| 8. le lit | _____ | _____ | _____ | _____ |

**Vrai ou faux?** (*True or false?*)

1. _____ Une très grande maison a une chambre.

2. _____ Une petite salle de bains a probablement un lavabo.

3. _____ J'ai deux lavabos dans ma cuisine.

4. _____ Un salon a quelquefois une cheminée.

5. _____ Nos amis n'ont pas de télévision à la maison.

6. _____ Tes parents ont trois lits.

**Posez des questions** *avec est-ce que/qu'.* **(Ask questions with est-ce que/qu'.)**

1. Do you (*fam.*) have a bathtub? _____

2. Does your (*fam.*) bedroom have a bookshelf? _____

3. Do his parents have a big bed? _____

4. Does she have one or two kitchen sinks? _____

5. Do you (*pl.*) have a rug in the living room? _____

6. Do the girls have a mirror? _____

## Faits divers (*Fun Facts*)

### La salle de bains française (*The French bathroom*)

Dans une salle de bains française bien équipée, il y a un lavabo, un miroir, une baignoire avec une douche à main (*hand-held*), un ou deux sèche-serviettes et naturellement un bidet. Attention: Le bidet n'est pas un W.C.

# Leçons 11–15

**EXERCICE**
## R3·1

**Vocabulaire** *Match the following items.*

1. _____ en bas        a. on time

2. _____ le rideau        b. the doctor

3. _____ en retard        c. the firefighter

4. _____ l'avocate        d. the bathtub

5. _____ le pompier        e. the curtain

6. _____ en haut        f. the lawyer

7. _____ le placard        g. upstairs

8. _____ la baignoire        h. late

9. _____ le médecin        i. downstairs

10. _____ à l'heure        j. the closet

**EXERCICE**
## R3·2

**Écrivez des phrases complètes.**

1. The sofa in his living room is ugly. _____

2. There is a bathroom upstairs. _____

3. We have a big sink in our garage. _____

4. There are two doctors in our family. _____

5. Her teachers are very friendly. _____

6. They have two bookshelves in their room. _____

**Conjuguez les verbes suivants.** (*Conjugate the following verbs.*)

| | JE | TU | IL/ELLE | NOUS | VOUS | ILS/ELLES |
|---|---|---|---|---|---|---|
| 1. rougir<br>*to blush* | | | | | | |
| 2. porter<br>*to wear* | | | | | | |
| 3. perdre<br>*to lose* | | | | | | |
| 4. finir<br>*to finish* | | | | | | |
| 5. attendre<br>*to wait* | | | | | | |
| 6. avoir<br>*to have* | | | | | | |
| 7. être<br>*to be* | | | | | | |
| 8. écouter<br>*to listen* | | | | | | |

**Qu'est-ce que les choses suivantes ont en commun?** (*What do the following things have in common?*)

1. _____ le lavabo, le miroir, la baignoire     a. Ce sont des vêtements.

2. _____ le lait, l'eau, le vin     b. Ce sont des couleurs.

3. _____ le gâteau, la glace, le fruit     c. Ils sont dans une salle de bains.

4. _____ le professeur, le fermier, l'artiste     d. Ce sont des membres d'une famille.

5. _____ la règle, la carte, le bureau     e. Ce sont des boissons.

6. _____ la robe, la chaussure, le pull     f. Ce sont des occupations.

7. _____ rouge, bleu, vert     g. Ce sont des desserts.

8. _____ la sœur, la cousine, les parents     h. Ils sont dans une salle de classe.

**Qui suis-je?** (*Who am I?*)

Mon vrai nom de famille est Voight, mais je porte maintenant un nom de famille français (c'est mon deuxième prénom). Je parle très bien le français et j'adore la France. Je suis actrice. Je joue dans beaucoup de films et je suis heureuse de jouer avec des acteurs célèbres comme Nicolas Cage, Matt Damon et Colin Farrell. Je suis ambassadrice pour l'United Nations High Commissioner for Refugees et je visite des pays africains pauvres. Je parle à des réfugiés en Thaïlande, en Équateur ou à Kosovo. J'ai trois enfants adoptés et trois enfants biologiques, et j'adore Brad Pitt.

EXERCICE

R3·6

**Associez les questions avec les réponses.** (*Match the questions and answers.*)

1. _____ Comment est ta maison?

2. _____ Qu'est-ce que tu as dans ta chambre?

3. _____ Quand est-ce que tu dînes avec tes parents?

4. _____ Pourquoi a-t-il une règle?

5. _____ Où est sa sœur?

6. _____ Qui est le garçon là-bas?

a. Le samedi soir.

b. Dans sa chambre.

c. C'est mon cousin.

d. Il a un devoir de mathématiques.

e. J'ai un lit, une commode et une télévision.

f. Très grande, blanche avec des portes marron.

## Grammar

## Vocabulary

## Fun facts

# BAGS adjectives
# Locations

## 16

## BAGS adjectives

Most French adjectives are placed after the noun in a noun phrase, but some descriptive adjectives generally appear before the noun. They can be grouped under the acronym BAGS, for _Beauty_, _Age_, _Good_ and bad, _Size_.

| BEAUTY | | AGE | |
|---|---|---|---|
| beautiful | **beau/belle** | new | **nouveau/nouvelle** |
| handsome | **beau/belle** | old | **vieux/vieille** |
| pretty | **joli(e)** | young | **jeune** |

| GOOD AND BAD | | SIZE | |
|---|---|---|---|
| bad | **mauvais(e)** | fat | **gros(se)** |
| good | **bon(ne)** | long | **long(ue)** |
| nice | **gentil(le)** | small/short | **petit(e)** |
| tall | **grand(e)** | | |

Other commonly used adjectives placed before the noun:

first **premier/première** only **seul(e)** other **autre** same **même**

NOTEZ   The adjectives **beau**, **nouveau**, and **vieux** have a special form, which is used only before a masculine singular noun: **un vieil ami** (_an old friend_), **le nouvel an** (_the new year_), **un bel homme** (_a handsome man_). Also remember to use **petit(e)** to describe _short people_. (A _low table_ is **une table basse**.)

---

### VOCABULAIRE

## D'autres occupations (Other occupations)

| baker | **boulanger** | **boulangère** | grocer | **épicier** | **épicière** |
|---|---|---|---|---|---|
| banker | **banquier** | **banquière** | hair stylist | **coiffeur** | **coiffeuse** |
| butcher | **boucher** | **bouchère** | journalist | **journaliste** | **journaliste** |
| cook | **cuisinier** | **cuisinière** | mechanic | **mécanicien** | **mécanicienne** |
| employee | **employé** | **employée** | painter | **peintre** | **peintre** |
| gardener | **jardinier** | **jardinière** | pastry chef | **pâtissier** | **pâtissière** |

**Traduisez!** (*Translate!*)

|  | MASCULINE | FEMININE |
|---|---|---|
| 1. a good pastry chef | _____ | _____ |
| 2. an old gardener | _____ | _____ |
| 3. a new painter | _____ | _____ |
| 4. a nice employee | _____ | _____ |
| 5. a good-looking hairdresser | _____ | _____ |
| 6. the same banker | _____ | _____ |

**Écrivez des phrases!**

1. There is a new cook at the café. He is great!

_____

2. I have the same hair stylist as she (does). She is pretty.

_____

3. The old butcher is a little fat. But he is handsome.

_____

4. I am your (*form.*) first employee.

_____

5. Where is the young gardener? He is tall and slim.

_____

6. Why is the journalist (*f.*) not here?

_____

7. This is a bad mechanic. He is new.

_____

8. The new grocer is young and pretty.

_____

## Les endroits dans le quartier (*Places in the neighborhood*)

| | | | |
|---|---|---|---|
| airport | **l'aéroport** (*m.*) | museum | **le musée** |
| bakery | **la boulangerie** | park | **le parc** |
| bank | **la banque** | pastry shop | **la pâtisserie** |
| church | **l'église** (*f.*) | post office | **la poste** |
| gas station | **la station service** | restaurant | **le restaurant** |
| grocery | **l'épicerie** (*f.*) | shopping mall | **le centre commercial** |
| hair salon | **le salon de coiffure** | store | **le magasin** |
| hospital | **l'hôpital** (*m.*) | synagogue | **la synagogue** |
| hotel | **l'hôtel** (*m.*) | theater | **le théâtre** |
| library | **la bibliothèque** | train station | **la gare** |
| movie theater | **le cinéma** | university | **l'université** (*f.*) |

**EXERCICE 16·3**

### Où travaille chaque personne? (*Where does each person work?*)

1. _____ le vendeur
2. _____ l'épicière
3. _____ l'étudiant
4. _____ la serveuse
5. _____ le coiffeur
6. _____ la jardinière
7. _____ l'employé d'Air France
8. _____ le boulanger

a. le parc
b. le restaurant
c. la boulangerie
d. le magasin
e. l'aéroport
f. l'université
g. l'épicerie
h. le salon de coiffure

## Faits divers (*Fun facts*)

### Les premiers restaurants (*First restaurants*)

M. Boulanger ouvre le premier restaurant « moderne » à Paris vers 1765. C'est le premier à proposer de la nourriture sur table à toute heure. Il offre un choix de plats sur une carte. Dans les autres établissements, comme les auberges (*inns*), il y a seulement un plat proposé par le cuisinier.

# Moods and emotions

## 17

**VOCABULAIRE**

## Humeurs et émotions (*Moods and emotions*)

| | | | |
|---|---|---|---|
| angry | **en colère** | in a bad mood | **de mauvaise humeur** |
| anxious | **anxieux (-se)** | in a good mood | **de bonne humeur** |
| bored | **ennuyé(e)** | jealous | **jaloux/jalouse** |
| disappointed | **déçu(e)** | nervous | **nerveux (-se)** |
| excited | **agité(e)/excité(e)** | proud | **fier/fière** |
| frustrated | **frustré(e)** | sad | **triste** |
| furious | **furieux (-se)** | scared | **effrayé(e)** |
| happy | **heureux (-se)** | surprised | **surpris(e)** |

Notez  The feminine form of **fier** is **fière** and the feminine form of **jaloux** is **jalouse**.

**EXERCICE**

**17·1**

**Traduisez!** (*Translate!*)

1. Her mother is furious.

_____

2. Your (*fam.*) father is frustrated.

_____

3. Your (*fam.*) brother is proud.

_____

4. Their parents are surprised.

_____

5. Are they (*m.*) happy?

_____

6. Why is she disappointed?

_____

7. I am in a good mood today.

_____

8. The little boy is scared.

_____

| VOCABULAIRE |

## Everyday words

| | | | |
|---|---|---|---|
| appointment/date | **le rendez-vous** | by | **par** |
| birth | **la naissance** | gift | **le cadeau** |

### EXERCICE
### 17·2

**Vrai ou faux?**

1. _____ Je suis de bonne humeur quand j'ai un F à l'examen.

2. _____ Les parents sont nerveux quand les enfants sont en retard.

3. _____ Une mère est fière de ses enfants quand ils ne sont pas gentils.

4. _____ Les passagers d'un train sont effrayés par l'accident.

5. _____ Le petit garçon est jaloux quand ses amis ont plus de cadeaux.

6. _____ Les étudiants sont très déçus quand ils ont beaucoup d'examens et de devoirs.

7. _____ La petite fille est nerveuse parce que c'est son premier rendez-vous avec un dentiste.

8. _____ Nous sommes déçus à la naissance d'un beau bébé.

9. _____ La jeune fille est agitée. Elle attend son ami mais il est en retard.

10. _____ Une personne furieuse est de bonne humeur.

## Faits divers (Fun facts)

### Les naissances (Births)

Où sont nés les bébés? Dans des fleurs? Dans des choux?

Dans beaucoup d'histoires, comme *Dumbo l'éléphant*, les cigognes livrent les nouveaux bébés aux mamans. Surprise!?

# Comment ça va?
# Health and fitness
# Contractions with à

## Comment ça va? *How are you? How are things?*

| | |
|---|---|
| Ça va bien, merci. | *(I'm) fine, thanks.* |
| Ça va très bien, merci. | *(I'm) really fine, thanks.* |
| Ça va comme ci comme ça. | *(I'm) so-so* |
| Ça ne va pas mal. | *(I'm) not bad.* |
| Ça va mal. | *(I'm doing) badly.* |

---

**VOCABULAIRE**

### Santé et forme (*Health and fitness*)

| | | | |
|---|---|---|---|
| to be healthy | **être bien-portant** | to have a cold | **être enrhumé(e)** |
| to be in shape | **être en forme** | to be so-so | **aller comme ci comme ça** |
| to be sick | **être malade** | to do badly | **aller mal** |
| to be tired | **être fatigué(e)** | to do fine | **aller bien** |

NOTEZ Use a form of the verb **aller** to indicate how someone is feeling or doing as a response to the question **Comment ça va?**

---

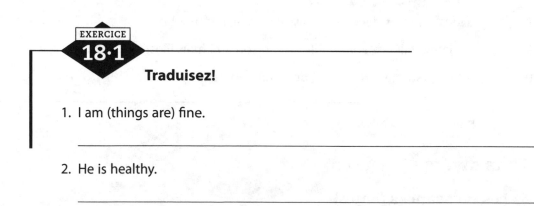

**EXERCICE**
**18·1**

**Traduisez!**

1. I am (things are) fine.

   _____

2. He is healthy.

   _____

3. She is sick.

   _____

4. We (*m.*) are tired.

_____

5. The students have a cold.

_____

6. You (*fam.*) are in good shape!

_____

7. Things are not going badly.

_____

8. I am so-so.

_____

# Contractions with à (*at/in/to*)

| SINGULAR | | PLURAL | | |
| --- | --- | --- | --- | --- |
| AT/IN/TO | FEMININE NOUN | NOUN STARTING | MASCULINE NOUN | ANY NOUN WITH VOWEL SOUND |
| | à la maison | à l'hôtel | au parc | aux concerts |

NOTEZ    **À la maison** not only means *in/at/to the house* but also *at home.*

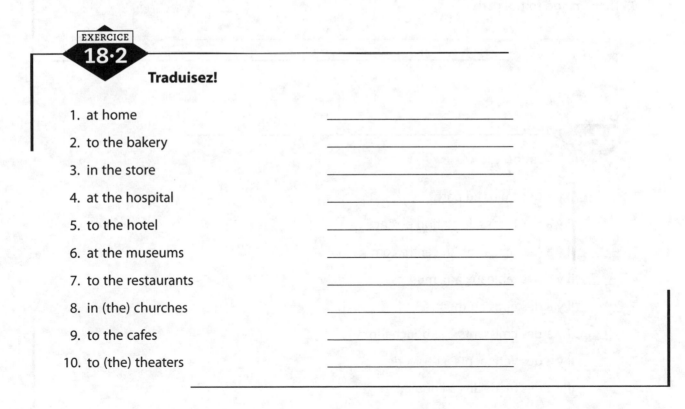

EXERCICE
## 18·2

**Traduisez!**

1. at home

_____

2. to the bakery

_____

3. in the store

_____

4. at the hospital

_____

5. to the hotel

_____

6. at the museums

_____

7. to the restaurants

_____

8. in (the) churches

_____

9. to the cafes

_____

10. to (the) theaters

_____

**Écrivez des phrases!**

1. I go to the hospital.

_____

2. She goes to the library.

_____

3. We go to the museum.

_____

4. You (*pl.*) go to the stores.

_____

5. They (*f.*) go home.

_____

6. He goes to the train station.

_____

7. You (*fam.*) are at the bakery.

_____

8. They (*m.*) go to the park.

_____

**Vrai ou faux?**

1. _____ Il y a des trains au parc.

2. _____ Il y a des livres à la station essence.

3. _____ Il y a des magasins au centre commercial.

4. _____ Il y a des tableaux aux musées.

5. _____ Il y a des films au théâtre.

6. _____ Il y a des croissants à la boucherie.

7. _____ Il y a des vêtements à l'épicerie.

8. _____ Il y a des médecins à l'hôpital.

## Faits divers (*Fun facts*)

### Les musées (*Museums*)

Il y a beaucoup de musées en France: des musées d'art comme le Louvre, des musées d'histoire, des musées de science, des musées de l'aviation, des musées de la bande dessinée, des musées de la mode, etc. Il y a aussi un site web, *le Musée amusant*, créé par l'UNESCO; il est destiné aux enfants. Ils peuvent découvrir les lumières, les couleurs, les formes et les histoires des tableaux.

# Vouloir
# More clothes

## Conjugation of vouloir

**vouloir** *to want*

| je | veux | nous | voulons |
| tu | veux | vous | voulez |
| il | veut | ils | veulent |
| elle | veut | elles | veulent |
| on | veut | | |

---

**VOCABULAIRE**

### D'autres vêtements (*Other items of clothing*)

| | | | |
|---|---|---|---|
| bathrobe | **la robe de chambre** | shorts | **le short** |
| boots | **les bottes** (*f.*) | slippers | **les pantoufles** (*f.*) |
| gloves | **les gants** (*m.*) | suit (*man's*) | **le costume** |
| jacket | **la veste / le veston** | suit (*woman's*) | **le tailleur** |
| raincoat | **l'imperméable** (*m.*) | sweatsuit | **le sweat** |
| sandals | **les sandales** (*f.*) | swimsuit | **le maillot de bain** |
| scarf (*dress*) | **le foulard** | tie | **la cravate** |
| scarf (*winter*) | **l'écharpe** (*f.*) | underwear | **le sous-vêtement** |

---

**EXERCICE 19·1**

**Traduisez!**

1. He wants a jacket.

_____

2. She wants (some) slippers.

_____

3. We want (some) shorts.

_____

4. The boys want (some) boots.

_____

5. I want a winter scarf.

_____

6. You (*fam.*) want (some) swimsuits.

_____

7. The girls want (some) ties.

_____

8. He wants a sweatsuit.

_____

VOCABULAIRE

## Everyday words

| | | | |
|---|---|---|---|
| (in) the afternoon | **l'après-midi** (*m.*) | cup | **la tasse** |
| (in) the evening | **le soir** | glass | **le verre** |
| (in) the morning | **le matin** | plate | **l'assiette** (*f.*) |
| first | **d'abord** | then | **ensuite** |

EXERCICE
19·2

**Vrai ou faux?**

1. _____ Tu portes un costume à une fête élégante.

2. _____ Tu portes des pantoufles à l'école.

3. _____ Tu portes des sandales dans la baignoire.

4. _____ Quand tu portes un imperméable, tu portes quelquefois des bottes aussi.

5. _____ Les Françaises portent quelquefois un foulard avec un tailleur.

6. _____ Beaucoup de personnes portent des robes de chambre quand elles vont à la banque.

7. _____ Tu portes des sous-vêtements presque tout le temps.

8. _____ Un homme en costume porte généralement une cravate.

# Numbers
# Age
# Expressions with **avoir**

---

## 20

VOCABULAIRE

## Les nombres de un (1) à mille (1000)

| | | | | | |
|---|---|---|---|---|---|
| 1 | un(e) | 24 | vingt-quatre | 74 | soixante-quatorze |
| 2 | deux | 25 | vingt-cinq | 75 | soixante-quinze |
| 3 | trois | 26 | vingt-six | 76 | soixante-seize |
| 4 | quatre | 27 | vingt-sept | 77 | soixante-dix-sept |
| 5 | cinq | 28 | vingt-huit | 78 | soixante-dix-huit |
| 6 | six | 29 | vingt-neuf | 79 | soixante-dix-neuf |
| 7 | sept | 30 | trente | 80 | quatre-vingts |
| 8 | huit | 31 | trente et un(e) | 91 | quatre-vingt-onze |
| 9 | neuf | 32 | trente-deux | 92 | quatre-vingt-douze |
| 10 | dix | 33 | trente-trois | 93 | quatre-vingt-treize |
| 11 | onze | 34 | trente-quatre | 94 | quatre-vingt-quatorze |
| 12 | douze | 35 | trente-cinq | 95 | quatre-vingt-quinze |
| 13 | treize | 36 | trente-six | 96 | quatre-vingt-seize |
| 14 | quatorze | 37 | trente-sept | 97 | quatre-vingt-dix-sept |
| 15 | quinze | 38 | trente-huit | 98 | quatre-vingt-dix-huit |
| 16 | seize | 39 | trente-neuf | 99 | quatre-vingt-dix-neuf |
| 17 | dix-sept | 40 | quarante | 100 | cent |
| 18 | dix-huit | 50 | cinquante | 200 | deux cents |
| 19 | dix-neuf | 60 | soixante | 1000 | mille |
| 20 | vingt | 70 | soixante-dix | 2000 | deux mille |
| 21 | vingt et un(e) | 71 | soixante et onze | | |
| 22 | vingt-deux | 72 | soixante-douze | | |
| 23 | vingt-trois | 73 | soixante-treize | | |

NOTEZ  The word **mille** never changes; the word **cent** takes an **s** after a number other than *one*, but loses the **s** when followed by any other number. *Million* is **le million**.

---

# Expressing age

| to be . . . years old | **avoir... ans** | to be fifteen years old | **avoir quinze ans** |
|---|---|---|---|

Elle a quinze ans.  *She is fifteen years old.*

NOTEZ    To express *How old are you?* say **Quel âge as-tu/avez-vous?**

**Traduisez!**

1. I am twenty years old.

_____

2. You (*fam.*) are eighteen years old.

_____

3. His grandfather is seventy-five years old.

_____

4. His grandmother is eighty-two years old.

_____

5. My sister is twenty-six years old.

_____

6. Her husband is thirty-one years old.

_____

7. How old are you (*pl.*)?

_____

8. You (all) are fifty?

_____

# Expressions with avoir

| FRANÇAIS | ENGLISH TRANSLATION | LITERAL TRANSLATION |
| --- | --- | --- |
| avoir… ans | *to be … years old* | *to have … years* |
| avoir l'air | *to appear* | *to have the look* |
| avoir besoin de | *to need* | *to have need of* |
| avoir chaud | *to be hot* | *to have hot* |
| avoir de la chance | *to be lucky* | *to have luck* |
| avoir froid | *to be cold* | *to have cold* |
| avoir envie | *to feel like* | *to have a desire* |
| avoir faim | *to be hungry* | *to have hunger* |
| avoir soif | *to be thirsty* | *to have thirst* |
| avoir mal | *to hurt/be in pain* | *to have ache* |
| avoir peur | *to be afraid* | *to have fear* |
| avoir raison | *to be right* | *to have reason* |
| avoir tort | *to be wrong* | *to have fault* |
| avoir sommeil | *to be sleepy* | *to have sleepiness* |

**Comment ça va?** (*How are things?*)   *Respond to each situation with a complete sentence that uses an* **avoir** *expression. Use the first person with* **Je/J'.**

1. Je suis très fatigué(e).

_____

2. Je pense que cinq et cinq font dix.

_____

3. Mon estomac est vide (*empty*).

_____

4. Je veux beaucoup d'eau.

_____

5. Je suis en Alaska.

_____

6. Je suis aux tropiques.

_____

7. Il y a un serpent dans ma chambre.

_____

8. J'ai un million à la banque.

_____

9. Aïe! J'ai besoin d'un docteur!

_____

10. Huit et neuf font quinze? Ah non!

_____

**Le prix est juste!** (*The price is right!*)   *Match each item with what it is likely worth.*

1. _____ une nouvelle automobile

2. _____ deux paires de chaussettes

3. _____ dix jours à Tahiti dans un hôtel de luxe

a.   un million de dollars

b.   deux cents dollars

c.   vingt-cinq mille dollars

4. _____ un château en France
   d. deux dollars

5. _____ une bicyclette
   e. dix dollars

6. _____ des frites
   f. vingt-quatre dollars

7. _____ trois billets de cinéma
   g. huit mille dollars

## Faits divers (*Fun facts*)

### L'âge (*Age*)

- Le squelette Lucy a approximativement trois millions d'ans, d'après certains scientifiques.
- Le château de Versailles a plus de trois cents ans.
- La tour Eiffel a plus de cent ans.
- Une des plus vieilles personnes au monde est une Française, Jeanne Calment, qui est morte à l'âge de cent vingt-deux ans.

# Leçons 16–20

**Traduisez les phrases!**

1. I have three brothers and two sisters.

   _____

2. You (*fam.*) have a small house and a large (big) family.

   _____

3. We have one boy, but we want three children.

   _____

4. They have a bakery and want a pastry chef.

   _____

5. My aunt is twenty-seven years old.

   _____

6. The Empire State Building is eighty years old.

   _____

7. How are you? —Fine.

   _____

8. I have a cold. I feel so-so.

   _____

**Vrai ou faux?**

1. _____ Il a faim. Il veut une banane.

2. _____ Nous avons sommeil. Nous voulons travailler.

3. _____ Ils ont de la chance. Ils n'ont pas d'argent.

4. _____ Vous avez raison. Il y a sept jours dans la semaine.

5. _____ J'ai peur de mon chien. J'adore mon chien.

6. _____ Tu as froid. Tu es au pôle nord.

7. _____ J'ai cent ans. Je suis jeune.

8. _____ Mes professeurs ont toujours tort. Ils sont super!

EXERCICE

R4·3

**Choisissez l'expression la plus logique pour finir la phrase.** (*Choose the most logical expression to finish each sentence.*)

| | | |
|---|---|---|
| 1. _____ Quand je mange de vieilles frites, | a. | a cent ans. |
| 2. _____ Il va à la bibliothèque... | b. | j'ai mal à l'estomac. |
| 3. _____ Le mécanicien... | c. | parce qu'il veut un livre. |
| 4. _____ Tu es bien-portante, tu... | d. | quand il y a un bon film. |
| 5. _____ Les enfants en forme... | e. | sous nos pantalons. |
| 6. _____ Quand je porte mes gants,... | f. | répare les autos. |
| 7. _____ Un centenaire... | g. | je n'ai pas froid. |
| 8. _____ Nous portons des sous-vêtements... | h. | vas bien. |
| 9. _____ Nous sommes heureux... | i. | ont beaucoup de sport. |
| 10. _____ Je vais au cinéma... | j. | quand ça va bien. |

## Faits divers (*Fun facts*)

### Les plus hautes structures (*The highest structures*)

- La tour CN (tour de communication et d'observation) à Toronto a cinq cent cinquante trois mètres de hauteur.
- L'Empire State Building a cent deux étages (*floors*). La structure a quatre cent quarante huit mètres de hauteur.
- La tour Eiffel a deux étages. Elle a trois cents mètres de hauteur.
- Burj Khalifa est la plus grande tour du monde. C'est un gratte-ciel à Dubai aux Émirats arabes unis : huit cent vingt-huits mètres de hauteur.

## Grammar

## Vocabulary

## Fun facts

# Faire
# Weather
# Seasons

## 21

## Conjugation of faire

**faire** *to do / to make*

| | | | |
|---|---|---|---|
| je | fais | nous | faisons |
| tu | fais | vous | faites |
| il | fait | ils | font |
| elle | fait | elles | font |
| on | fait | | |

---

**VOCABULAIRE**

### Quel temps fait-il? (*What's the weather like?*)

| | | | |
|---|---|---|---|
| It's bad out. | **Il fait mauvais.** | There's a cyclone. | **Il y a un cyclone.** |
| It's cloudy. | **Il fait nuageux.** | There's a hurricane. | **Il y a un ouragan.** |
| It's cool. | **Il fait frais.** | There's lightning. | **Il y a des éclairs.** |
| It's cold. | **Il fait froid.** | There's a storm. | **Il y a un orage.** |
| It's foggy. | **Il fait du brouillard.** | There's thunder. | **Il y a du tonnerre.** |
| It's hot. | **Il fait chaud.** | It's pouring rain. | **Il y a une averse.** |
| It's nice. | **Il fait beau.** | It's freezing. | **Il gèle.** |
| It's sunny. | **Il fait du soleil.** | It's snowing. | **Il neige.** |
| It's windy. | **Il fait du vent.** | It's raining. | **Il pleut.** |

---

**EXERCICE**
**21·1**

**Quel temps fait-il?** (*What's the weather?*) *Translate the answers below.*

1. It snows a lot.

_____

2. It rains almost every day.

_____

3. It's foggy in the morning.

_____

4. It's cool at night.

_____

5. Sometimes there's a storm in the afternoon.

_____

6. The weather is bad today.

_____

7. It's very cloudy.

_____

8. It's very beautiful.

_____

---

## Les saisons (Seasons)

| | | | |
|---|---|---|---|
| (in the ) spring | **le printemps** | (in the) fall | **l'automne** (*m.*) |
| (in the) summer | **l'été** (*m.*) | (in the) winter | **l'hiver** (*m.*) |

---

EXERCICE
## 21·2

**Vrai ou faux?**

1. _____ L'été est long en Alaska.

2. _____ L'hiver est froid en Minnesota.

3. _____ L'automne est frais au Mexique.

4. _____ Le printemps commence en décembre.

5. _____ L'été commence en juin.

6. _____ Il y a quatre saisons au Colorado.

**Quelle est la saison?** (*What is the season?*)  *Write an X in the appropriate column.*

|  | LE PRINTEMPS | L'ÉTÉ | L'AUTOMNE | L'HIVER |
| --- | --- | --- | --- | --- |
| 1. le vingt-cinq décembre | _____ | _____ | _____ | _____ |
| 2. le quatre juillet | _____ | _____ | _____ | _____ |
| 3. le vingt-six septembre | _____ | _____ | _____ | _____ |
| 4. le trente octobre | _____ | _____ | _____ | _____ |
| 5. le premier avril | _____ | _____ | _____ | _____ |
| 6. le huit mai | _____ | _____ | _____ | _____ |

**Que fais-tu par ce temps?** (*What do you do in this weather?*)

1. _____ Quand il fait chaud,...

2. _____ Quand il pleut,...

3. _____ Il y a des orages...

4. _____ Je reste dans la voiture...

5. _____ J'aime être au parc avec des amis...

6. _____ Quand il y a un cyclone,...

a. je porte mon maillot de bain

b. je reste dans la cave de ma maison.

c. quand il y a des averses.

d. j'ai mon imperméable.

e. quand il fait très chaud dans les tropiques.

f. quand il fait beau.

## Faits divers (*Fun facts*)

### Des dates importantes (*Important dates*)

- ◆ Albert Einstein est né le 14 mars 1879 à onze heures trente du matin.
- ◆ Christophe Colomb est arrivé au Nouveau Monde pour la première fois en 1492. Il est revenu une deuxième fois en 1494, une troisième fois en 1501 et pour la dernière fois en 1504.
- ◆ La plus longue éclipse solaire a eu lieu mercredi, le 22 juillet 2009, et elle a duré six minutes et demie.

# Expressions with **faire**
# Sports   Games   Music
# Contractions with **de**

## Expressions with **faire**

| | | | |
|---|---|---|---|
| **faire jour** | *to be daylight* | **faire un voyage** | *to go on a trip* |
| **faire nuit** | *to be night time* | **faire les achats** | *to go shopping* |
| **faire la cuisine** | *to cook* | **faire la bise** | *to kiss* |
| **faire les devoirs** | *to do the homework* | **faire les bagages** | *to pack* |
| **faire le ménage** | *to do the housework* | **faire de la musique** | *to play music* |
| **faire le linge** | *to do the laundry* | **faire du sport** | *to play sports* |
| **faire la vaisselle** | *to do the dishes* | **faire du vélo /** | *to ride a bike/* |
| **faire une promenade** | *to take a walk* | **de la moto** | *motorcycle* |
| | | **faire la queue** | *to wait in line* |

**EXERCICE**
**22·1**

**Traduisez!**

1. I do the cooking.

   _____

2. They (*m.*) play sports.

   _____

3. You (*fam.*) play music.

   _____

4. She does the dishes.

   _____

5. He does the shopping.

   _____

6. We kiss.

   _____

7. You (*pl.*) pack.

_____

8. You (*form.*) wait in line.

_____

## EXERCICE 22·2

**Vrai ou faux?**

1. _____ D'abord je fais un voyage; ensuite je fais les bagages.

2. _____ Je fais la bise à ma mère.

3. _____ Je fais le ménage quand il fait nuit.

4. _____ Je fais la cuisine à l'école.

5. _____ Je fais les devoirs à l'épicerie.

6. _____ Je fais la vaisselle après le dîner.

7. _____ Je fais la queue à l'aéroport.

8. _____ Je fais le ménage au théâtre.

# Contractions with **de** (*from/of*)

| SINGULAR | | | | PLURAL |
| --- | --- | --- | --- | --- |
| FROM/OF | FEMININE NOUN | NOUN STARTING | MASCULINE NOUN | ANY NOUN WITH VOWEL SOUND |
| | de la musique | de l'orgue | du sport | des achats |

### VOCABULAIRE

## Les sports et les jeux (*Sports and games*)

| LES SPORTS | | LES JEUX | |
| --- | --- | --- | --- |
| baseball | **le baseball** | cards | **les cartes** (*f.*) |
| basketball | **le basketball** | charades | **les charades** (*f.*) |
| football | **le football américain** | checkers | **les dames** (*f.*) |
| hockey | **le hockey** | chess | **les échecs** (*m.*) |
| rugby | **le rugby** | the lottery | **la loterie** |
| soccer | **le foot(ball)** | pool | **le billard** |
| tennis | **le tennis** | roulette | **la roulette** |
| volleyball | **le volleyball** | video games | **les jeux vidéo** (*m.*) |

NOTEZ You play (**jouer à**) or do (**faire**) a *sport* but you can only play (**jouer à**) a *game*.

# Using the preposition à after the verb **jouer** and the preposition **de** after the verb **faire**

| JOUER AU/À LA/AUX | | FAIRE DU/DE LA/DES | |
|---|---|---|---|
| Je joue *au* foot. | *I play soccer.* | Je fais *du* baseball. | *I play baseball.* |
| Je joue *à la* balle. | *I play ball.* | Je fais *de la* moto. | *I ride a motorcycle.* |
| Je joue *aux* cartes. | *I play cards.* | Je fais *des* achats. | *I shop.* |

### EXERCICE 22·3

**Traduisez!** *With the name of a sport or game, give two sentences, using first* **jouer à** *followed by* **faire de**.

1. I play tennis with my brother.

   _____     _____

2. You (*fam.*) play soccer with your friends.

   _____     _____

3. We play volleyball at school.

   _____     _____

4. My parents play cards on Sunday.

   _____     _____

5. We play hockey in the winter.

   _____     _____

6. My brothers play pool.

   _____     _____

---

## VOCABULAIRE

### Les instruments de musique (*Musical instruments*)

| | | | |
|---|---|---|---|
| clarinet | **la clarinette** | keyboard | **le clavier** |
| drums | **la batterie** | piano | **le piano** |
| flute | **la flûte** | saxophone | **le saxophone** |
| guitar | **la guitare** | trumpet | **la trompette** |
| horn (French) | **le cor** | violin | **le violon** |

NOTEZ Always use **jouer de** for playing musical instruments: **Je joue de la flûte**. Always use **jouer à** for games as in **jouer au Monopoly** and use either **jouer à** or **faire de** for sports and games.

**On fait de la musique ou du sport?** (*Do we play music or sports!*)   *Follow the example and write that each person is playing an instrument or a sport.*

EXEMPLE: le piano. *Je joue du piano.*

1. le violon.

   Nous _____

2. le basketball.

   Vous _____

3. la guitare.

   Ils _____

4. le volleyball.

   Elle _____

5. le cor.

   Tu _____

6. le tennis.

   Je _____

## Faits divers (*Fun facts*)

### La musique

- Les compositeurs classiques Mozart et Beethoven jouaient du piano. Bach jouait de l'orgue.
- Elvis Presley jouait du piano, de la batterie, de l'harmonica et de la guitare.
- Dans le groupe des Beatles, John Lennon, Paul McCartney et George Harrison jouaient de la guitare et Ringo Starr jouait de la batterie.
- En jazz, Louis Armstrong jouait de la trompette et Duke Ellington jouait du piano.

   Les musiciens country jouent de la mandoline, de la guitare, du violon, de l'harmonica, de l'accordéon, etc.

# Telling time

## Expressions of time

| | | | |
|---|---|---|---|
| Il est une heure. | *It's one o'clock.* | Il est huit heures. | *It's eight o'clock.* |
| Il est deux heures. | *It's two o'clock.* | Il est neuf heures. | *It's nine o'clock.* |
| Il est trois heures. | *It's three o'clock.* | Il est dix heures. | *It's ten o'clock.* |
| Il est quatre heures. | *It's four o'clock.* | Il est onze heures. | *It's eleven o'clock.* |
| Il est cinq heures. | *It's five o'clock.* | Il est douze heures. | *It's twelve o'clock.* |
| Il est six heures. | *It's six o'clock.* | Il est midi. | *It's noon.* |
| Il est sept heures. | *It's seven o'clock.* | Il est minuit. | *It's midnight.* |

**Les moments de la journée pour dire l'heure** (*parts of the day to tell time*)

| | |
|---|---|
| du matin | *in the morning* |
| de l'après-midi | *in the afternoon* |
| du soir | *in the evening* |

**EXERCICE**

**23·1**

**Traduisez!**

1. It's noon.

_____

2. It's one o'clock.

_____

3. It's twelve o'clock.

_____

4. It's five o'clock.

_____

5. It's eight o'clock.

_____

6. It's seven in the morning.

_____

7. It's four in the afternoon.

_____

8. It's nine in the evening.

_____

EXERCICE
23·2

**Écrivez des phrases!**

1. At six o'clock, I make my breakfast.

_____

2. At seven o'clock, I take a walk.

_____

3. At eight o'clock, I ride the bike.

_____

4. At nine o'clock, I am at school.

_____

5. At noon, I eat with my friends.

_____

6. At four o'clock, I go shopping.

_____

7. At six o'clock, I do my homework.

_____

8. At seven o'clock, I do the dishes.

_____

VOCABULAIRE

## Les expressions de temps (*Expressions of time*)

| | | | |
|---|---|---|---|
| all day long | **toute la journée** | often | **souvent** |
| never | **jamais** | for the last time | **pour la dernière fois** |
| all the time | **tout le temps** | sometimes | **quelquefois** |
| now | **maintenant** | from time to time | **de temps en temps** |
| for the first time | **pour la première fois** | What time is it? | **Quelle heure est-il?** |

**Choisissez la réponse la plus logique.** (*Choose the most logical answer.*)

1. Je fais du français...

   a. maintenant          b. pour la dernière fois          c. jamais

2. Quand il fait chaud, il y a des orages...

   a. quelquefois          b. tout le temps          c. tous les jours

3. Un végétarien mange des hamburgers...

   a. maintenant          b. jamais          c. tout le temps

4. Quand il fait froid, il neige...

   a. de temps en temps          b. tout le temps          c. pour la première fois

5. Les bébés mangent...

   a. tout le temps          b. jamais          c. souvent

6. Lance Armstrong fait du vélo...

   a. quelquefois          b. pour la première fois          c. tout le temps

# Entre les heures (*between hours*)

| | | | |
|---|---|---|---|
| Il est une heure cinq. | 1:05 | cinq | *five past* |
| Il est une heure dix. | 1:10 | dix | *ten past* |
| Il est une heure et quart. | 1:15 | et quart | *quarter past* |
| Il est une heure vingt. | 1:20 | vingt | *twenty past* |
| Il est une heure vingt-cinq. | 1:25 | vingt-cinq | *twenty-five past* |
| Il est une heure et demie. | 1:30 | et demie | *half past* |
| Il est deux heures moins vingt-cinq. | 1:35 | moins vingt-cinq | *twenty-five to* |
| Il est deux heures moins vingt. | 1:40 | moins vingt | *twenty to* |
| Il est deux heures moins le quart. | 1:45 | moins le quart | *quarter to* |
| Il est deux heures moins dix. | 1:50 | moins dix | *ten to* |
| Il est deux heures moins cinq. | 1:55 | moins cinq | *five to* |

**Traduisez!**

1. It's half past four.

   _____

2. It's two thirty.

   _____

3. It's five to eleven.

_____

4. It's ten past eight.

_____

5. It's quarter to three.

_____

6. It's twenty past noon.

_____

7. It's a quarter past seven.

_____

8. It's five to one.

_____

## Faits divers *(Fun facts)*

### L'heure dans le monde *(Time around the world)*

Quand il est midi à Paris, il est six heures du matin en Martinique, trois heures du matin en Californie, seize heures à Bombay, dix-huit heures au Vietnam et minuit à Tahiti.

# Aller
# Transportation

## Conjugation of **aller**

**aller** *to go*

| je | vais | nous | allons |
|----|------|------|--------|
| tu | vas | vous | allez |
| il | va | ils | vont |
| elle | va | elles | vont |
| on | va | | |

## Révision: les contractions *au/aux* et *du/des*

à + le = **au** (*at/in/to the*)     de + le = **du** (*from/of the*)
à + les= **aux** (*at/in/to the*)     de + les = **des** (*from/of the*)

**Traduisez!**

1. I go to the park.

   _____

2. You (*fam.*) go to the museum.

   _____

3. She goes to the university.

   _____

4. He goes to the library.

   _____

5. We go to the bakery.

   _____

6. You (all) go to the stores.

   _____

7. They (*f.*) go to the movie theater.

_____

8. They (*m.*) go to the mall (**centre commercial**).

_____

## Les moyens de transport (*Means of transportation*)

| | | | |
|---|---|---|---|
| airplane | **l'avion** (*m.*) | by airplane | **en avion** |
| bicycle/bike | **la bicyclette / le vélo** | by bicycle / bike | **en, à bicyclette / en, à vélo** |
| boat | **le bateau** | by boat | **en bateau** |
| bus | **le bus** | by bus | **en bus** |
| car | **la voiture / l'auto** (*f.*) | by car | **en voiture / en auto** |
| foot | **le pied** | on foot | **à pied** |
| moped | **la mobylette / la mob** | by moped | **en mobylette / en mob** |
| motorcycle | **la moto(cyclette)** | by motorcycle | **en moto(cyclette)** |
| ship | **le bateau** | by ship | **en bateau** |
| spaceship | **le vaisseau spatial** | by spaceship | **en vaisseau spatial** |
| subway | **le métro** | by subway | **en métro** |
| taxi | **le taxi** | by taxi | **en taxi** |
| train | **le train** | by train | **en train** |

## Verbs of motion

| | |
|---|---|
| to ride a bike | **monter à bicyclette** |
| to ride a horse | **monter à cheval** |
| to travel | **voyager** |

EXERCICE
24·2

**Choisissez la réponse la plus logique.** (*Choose the most logical answer.*)

1. À Paris, les personnes vont généralement au travail...

   a. en avion　　　　b. en voiture　　　　c. en métro

2. Je vais d'Amérique en France le plus vite...

   a. à pied　　　　b. en bateau　　　　c. en avion

3. À San Francisco, les touristes adorent faire des promenades...

   a. en bicyclette　　　　b. en métro　　　　c. à pied

4. Je vais de l'hôtel à l'aéroport...

   a. en mobylette　　　　b. en taxi　　　　c. à pied

5. Les étudiants qui n'ont pas quinze ans vont à l'école...

   a.  à cheval          b.  en bateau          c.  en bus

6. Dans la série Star Trek, Jean-Luc Picard voyage généralement...

   a.  en vaisseau spatial   b.  en moto          c.  en avion

EXERCICE
24·3

### Écrivez des phrases!

1. I go to the university by bike.

   _____

2. My friends go to the park on foot.

   _____

3. Sometimes I ride my bike at the park.

   _____

4. John goes to school by moped.

   _____

5. My parents go to the restaurant by car.

   _____

6. You (*fam.*) go to Canada by plane.

   _____

7. My sister goes to work by subway.

   _____

8. They go to Key West by boat.

   _____

## Faits divers (*Fun facts*)

### Les transports en commun en France (*Mass transportation in France*)

Dans les grandes villes françaises, les transports en commun les plus populaires sont l'autobus, le tramway et le métro. Mais, à Paris et à Lyon, il y a aussi des services de location de bicyclettes très utilisés. Les transports en commun sont très importants pour tous les Français, et surtout les jeunes, parce qu'il est difficile et cher d'obtenir un permis de conduire (*driver's license*). Beaucoup de jeunes ont des mobylettes ou des bicyclettes pour aller à l'école ou à l'université.

# Dire
# Écrire   Lire
# Things to tell, write, and read

## Conjugation of dire, écrire, and lire

| DIRE | *TO SAY/TELL* | | | ÉCRIRE | *TO WRITE* | | LIRE | *TO READ* | | |
|------|------|------|------|------|------|------|------|------|------|------|
| je | dis | nous | disons | j' | écris | nous écrivons | je | lis | nous | lisons |
| tu | dis | vous | dites | tu | écris | vous écrivez | tu | lis | vous | lisez |
| il | dit | ils | disent | il | écrit | ils écrivent | il | lit | ils | lisent |
| elle | dit | elles | disent | elle | écrit | elles écrivent | elle | lit | elles | lisent |
| on dit | | | | on | écrit | | on | lit | | |

### EXERCICE 25·1

**Traduisez!**

1. I write.

_____

2. You (*fam.*) read.

_____

3. He tells.

_____

4. We write.

_____

5. You (all) read.

_____

6. They (*f.*) say.

_____

7. They (*m.*) write.

_____

8. I read.

_____

*Choisissez la fin la plus logique pour chaque phrase. Some answers may be used more than once.*

1. _____ Tu... « bonjour » au professeur.
2. _____ Vous... une carte électronique.
3. _____ Tes parents... le journal « Le Monde »?
4. _____ Je... « salut » à mes copains après l'école.
5. _____ Je/J'... mes devoirs le soir.
6. _____ Vous... beaucoup de bandes dessinées.
7. _____ Nous... un livre pour la classe d'anglais.
8. _____ Vous... « merci ». Vous êtes polis.

a. dis
b. écris
c. lisons
d. lisez
e. dites
f. lisent
g. écrivez

## VOCABULAIRE

## Les choses à dire, écrire et lire (*Things to tell, write, and read*)

| | | | |
|---|---|---|---|
| article | **l'article** (*m.*) | newspaper | **le journal** |
| biography | **la biographie** | note | **la note** |
| comic book | **la bande dessinée** | novel | **le roman** |
| diary | **le journal** | detective novel | **le roman policier** |
| encyclopedia | **l'encyclopédie** (*f.*) | paragraph | **le paragraphe** |
| essay | **l'essai** (*m.*) | play | **la pièce (de théâtre)** |
| fable | **la fable** | poem | **le poème** |
| fairy tale | **le conte de fées** | science fiction | **la science-fiction** |
| fiction | **la fiction** | short story | **le conte, la nouvelle** |
| letter | **la lettre** | textbook | **le manuel (scolaire)** |
| magazine | **le magazine** | thesaurus | **le thésaurus** |

NOTEZ  Two nouns are derived from the verb **lire: le lecteur / la lectrice** is *the reader*, and **la lecture** is *the reading*.

### Vrai ou faux?

1. _____ Les jeunes écrivent beaucoup de mails et de texto.
2. _____ Dans une fable, il y a souvent des animaux.
3. _____ Les journalistes écrivent des articles divers.
4. _____ Pour la classe d'anglais, les étudiants lisent des bandes dessinées chaque jour.
5. _____ En classe de français, les étudiants lisent toujours des romans policiers.

6. _____ *Le journal d'Anne Frank* est un roman.

7. _____ Victor Hugo est célèbre pour ses livres de science-fiction.

8. _____ Jules Verne est célèbre pour ses poèmes.

9. _____ *La Belle et la Bête* est un conte.

10. _____ Une nouvelle est une courte histoire.

**Écrivez des phrases!**

1. I write a long essay with five paragraphs.

_____

2. I love poems.

_____

3. Where is my textbook?

_____

4. Are you an avid (**avide**) reader?

_____

5. Politicians write biographies.

_____

6. *Notre-Dame de Paris* is a famous novel.

_____

## Faits divers (*Fun facts*)

### La France comme source d'inspiration (*France as a source of inspiration*)

De nombreuses comédies musicales et de nombreux films sont inspirés d'œuvres littéraires françaises.

◆ Des exemples de romans français qui ont été adaptés à Broadway sont *Les Misérables* (Victor Hugo) et *Le Fantôme de l'Opéra* (Gaston Leroux).

◆ Des exemples de contes français qui ont été adaptés en films sont *La Belle et la Bête*, *La Belle au Bois Dormant*, *Peau d'Âne*, *Le Petit Chaperon Rouge* et *Le Chat Botté* (Charles Perrault).

# Leçons 21–25

## R5·1

**Conjuguez!** *Write the English translation of each infinitive verb, and conjugate them in the present tense.*

|  | JE | TU | IL/ELLE | NOUS | VOUS | ILS/ELLES |
|---|---|---|---|---|---|---|
| 1. jouer | | | | | | |
| to _____ | _____ | _____ | _____ | _____ | _____ | _____ |
| 2. faire | | | | | | |
| to _____ | _____ | _____ | _____ | _____ | _____ | _____ |
| 3. aller | | | | | | |
| to _____ | _____ | _____ | _____ | _____ | _____ | _____ |
| 4. écrire | | | | | | |
| to _____ | _____ | _____ | _____ | _____ | _____ | _____ |
| 5. dire | | | | | | |
| to _____ | _____ | _____ | _____ | _____ | _____ | _____ |
| 6. lire | | | | | | |
| to _____ | _____ | _____ | _____ | _____ | _____ | _____ |

## R5·2

**Quelle expression de temps est-ce?** (*Which weather term is it?*) *Read each description and match it with one of the weather expressions.*

1. _____ La période de trois mois la plus froide de l'année.

   a. Il fait du brouillard.

2. _____ Les nuages sont gris ou noirs mais il fait plus de 32 degrés F.

   b. C'est le printemps.

3. _____ Nous jouons aux boules avec cette chose blanche.     c.    C'est l'automne.

4. _____ La saison où les étudiants ont le plus de vacances.     d.    C'est l'hiver.

5. _____ Le temps où la visibilité est presque zéro.     e.    Il pleut.

6. _____ Il y a du tonnerre, des éclairs et du vent.     f.    C'est l'été.

7. _____ La saison où les fleurs verdissent, jaunissent, rougissent.     g.    Il neige.

8. _____ La saison où les plantes et les arbres perdent les feuilles.     h.    Il y a un orage.

---

### EXERCICE R5·3

**Quelle heure est-il?** (*What time is it?*)

1. J'ai rendez-vous à six heures. Mon rendez-vous est dans quinze minutes.

   Il est

   _____

2. Il est huit heures en Californie. Je suis en Floride.

   Ici il est

   _____

3. Le soleil est au plus haut point; il fait chaud et c'est l'heure de manger.

   Il est

   _____

4. C'est le trente et un décembre. À quelle heure commence la nouvelle année?

   C'est à

   _____

5. Beaucoup de personnes finissent maintenant le travail. C'est presque le soir.

   Il est

   _____

---

### EXERCICE R5·4

**Écrivez des phrases!**   *Use the verbs in parentheses.*

1. I play the guitar with my friends. (**jouer de**)

   _____

2. We play basketball on Sundays at the park. (**jouer à**)

   _____

3. You (*pl.*) play hide and seek with the children. (**jouer à**)

_____

4. They play the piano and the violin. (**jouer de**)

_____

5. She plays many sports. (**faire**)

_____

6. He goes cycling every day. (**faire**)

_____

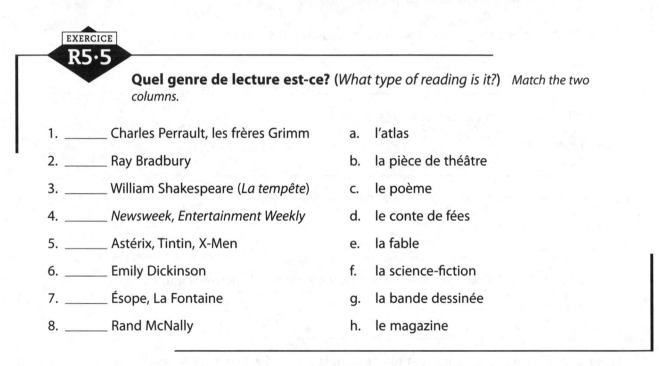

EXERCICE

## R5·5

**Quel genre de lecture est-ce?** (*What type of reading is it?*)  *Match the two columns.*

1. _____ Charles Perrault, les frères Grimm    a.  l'atlas

2. _____ Ray Bradbury    b.  la pièce de théâtre

3. _____ William Shakespeare (*La tempête*)    c.  le poème

4. _____ *Newsweek, Entertainment Weekly*    d.  le conte de fées

5. _____ Astérix, Tintin, X-Men    e.  la fable

6. _____ Emily Dickinson    f.  la science-fiction

7. _____ Ésope, La Fontaine    g.  la bande dessinée

8. _____ Rand McNally    h.  le magazine

EXERCICE

## R5·6

**Écrivez des phrases!**  *Use expressions with **faire** and **aller au**...*

1. I go home, do my homework, and then I make dinner.

_____

2. You (*fam.*) go to school on foot every day.

_____

3. They go to the library when they need (some) books.

_____

4. We go to the movies (movie theater) on Saturdays when the weather is bad.

_____

5. She takes a walk in the park with her dog.

_____

6. My parents go to the restaurant by taxi.

_____

## Faits divers (*Fun facts*)

### Écrivains notables

Au dix-septième siècle, sous Louis XIV, la Marquise de Sévigné a écrit plus de mille lettres à des amis et à sa famille en dehors de Paris pour leur raconter les aventures à la cour de Louis XIV. Écrites avec humour et précision, ces lettres sont devenues célèbres et certaines sont des rapports historiques de l'époque.

Jules Verne (1828-1905) est connu pour ses romans *Cinq semaines en ballon*, *Voyage au centre de la terre*, *Vingt mille lieues sous la mer*, *Le tour du monde en quatre-vingts jours*, *De la terre à la lune* et beaucoup d'autres. Il a introduit un genre nouveau, le genre de la science-fiction.

Georges Simenon, un romancier belge, a écrit des centaines de romans et de nouvelles, des œuvres autobiographiques et de nombreux articles. Il est le plus connu pour ses romans policiers figurant l'inspecteur Maigret.

## Grammar

## Vocabulary

## Fun facts

# Pouvoir
## Adverbs

## Conjugation of **pouvoir**

**pouvoir** *can / to be able to*

| | | | |
|------|------|-------|----------|
| je | peux | nous | pouvons |
| tu | peux | vous | pouvez |
| il | peut | ils | peuvent |
| elle | peut | elles | peuvent |
| on | peut | | |

**EXERCICE**
**26·1**

### Traduisez!

1. I can sing.

_____

2. You (*fam.*) can dance.

_____

3. Paul can speak French.

_____

4. We can read.

_____

5. You (all) can swim.

_____

6. They can finish the exercise.

_____

7. I cannot hear.

_____

8. She cannot wait.

_____

# Forming adverbs

| ADJECTIVE | ADJECTIVE BASE FOR ADVERB | ADVERB |
|-----------|---------------------------|--------|
| aimable | aimable | aimablement |
| heureux | heureuse | heureusement |
| attentif | attentive | attentivement |

NOTEZ To form an adverb, start with an adjective. If the adjective ends in **-e**, simply add **-ment**. If it does not end in **-e**, take the feminine singular form, and then add **-ment**.

---

## VOCABULAIRE

## Quelques adverbes (A *few adverbs*)

| | | | |
|--|--|--|--|
| badly | **mal** | perfectly | **parfaitement** |
| clearly | **clairement** | probably | **probablement** |
| easily | **facilement** | rarely | **rarement** |
| extremely | **extrêmement** | sadly | **tristement** |
| fast, rapidly | **rapidement** | slowly | **lentement** |
| finally | **finalement** | usually | **généralement** |
| joyous | **joyeusement** | well | **bien** |

NOTEZ Some commonly used adverbs such as **bien** (*well*) and **mal** (*badly*) are not derived from adjectives.

---

### EXERCICE
### 26·2

**Vrai ou faux?**

1. _____ Un escargot avance très lentement.

2. _____ Nous avons finalement la paix (*peace*) dans le monde.

3. _____ Il fait extrêmement froid au pôle nord.

4. _____ Nous pouvons facilement escalader le Mont Everest.

5. _____ Vous allez à votre destination rapidement en avion.

6. _____ Les étudiants avancés parlent probablement bien le français.

7. _____ Les touristes vont rarement dans les musées.

8. _____ Nous savons tous parfaitement bien faire la cuisine italienne.

**Qu'est-ce que ces personnes peuvent écrire vraiment bien?** (*What can these people write really well?*)

des poèmes et des romans / des contes/des romans de science-fiction / des romans policiers / des lettres

EXEMPLE: *Shakespeare peut vraiment bien écrire des pièces.*

1. Jules Verne

_____

2. Madame de Sévigné

_____

3. Victor Hugo

_____

4. Charles Perrault

_____

5. Georges Simenon

_____

**Tu peux ou tu ne peux pas?** (*Can you or can't you?*) *Start each answer with* **Oui, je peux…** / **Si, je peux…** , *or* **Non, je ne peux pas…** *Answers will vary.*

1. Tu peux parler chinois?

_____

2. Tu peux bien jouer au golf?

_____

3. Tu ne peux pas aller en France facilement?

_____

4. Tu peux répondre aux questions?

_____

5. Tu peux probablement gagner à la loterie?

_____

6. Tu manges généralement de la pizza?

_____

**Comment font-ils leur travail?** (*How do they work?*) *Complete each sentence with an adverb ending in -ment.*

1. Ils sont attentifs. Ils travaillent

_____

2. Ils sont sérieux. Ils travaillent

_____

3. Ils sont joyeux. Ils travaillent

_____

4. Ils sont lents. Ils travaillent

_____

5. Ils sont tristes. Ils travaillent

_____

# Devoir
# Two-verb constructions
# Adverbs of time

·27·

## Conjugation of **devoir**

**devoir** *must / to have to*

| | | | |
|---|---|---|---|
| je | dois | nous | devons |
| tu | dois | vous | devez |
| il | doit | ils | doivent |
| elle | doit | elles | doivent |
| on | doit | | |

**EXERCICE**
### 27·1

**Traduisez!**

1. I must work fast.

_____

2. You (*fam.*) must do the dishes.

_____

3. Paul must go to school.

_____

4. We have to read.

_____

5. You (all) have to write letters.

_____

6. They have to wait.

_____

## Two-verb constructions

| | |
|---|---|
| **devoir** + *infinitive* | *must, to have to* |
| **espérer** + *infinitive* | *to hope to* |
| **essayer de** + *infinitive* | *to try to* |
| **pouvoir** + *infinitive* | *to be able to* |
| **vouloir** + *infinitive* | *to want to* |

Notez  You have seen how to conjugate **devoir**, **pouvoir**, and **vouloir**. The verb **espérer** (*to hope*) is a regular **-er** verb, but remember to change the **accent aigu** to an **accent grave** in the spelling of conjugated forms, except for the **nous/vous** forms. The verb **essayer** (*to try*) is a regular **-er** verb, but remember to change the **y** to **i** in the spelling of conjugated forms, except for the **nous/vous** forms.

**EXERCICE**
**27·2**

### Vrai ou faux?

1. _____ Je dois manger tous les jours.

2. _____ Dans la classe de français, nous devons lire.

3. _____ Nous pouvons aller en France à pied.

4. _____ Vous voulez être honnête!

5. _____ Les acteurs espèrent devenir célèbres.

6. _____ Les professeurs essaient de mal expliquer les leçons.

7. _____ Les politiciens espèrent perdre les élections.

8. _____ Tout le monde veut réussir dans la vie.

**EXERCICE**
**27·3**

### Traduisez!

1. He has to eat his dinner.

_____

2. They (*m.*) hope to read today in class.

_____

3. I try to speak French clearly.

_____

4. We want to go to France.

_____

5. You (all) can write well.

_____

6. She must do her homework.

_____

## Les adverbes de temps (*Adverbs of time*)

| | | | |
|---|---|---|---|
| all day long | **toute la journée** | from time to time | **de temps en temps** |
| all his/her life | **toute la vie** | never | **jamais** |
| all the time | **tout le temps** | often | **souvent** |
| all year long | **toute l'année** | once | **une fois** |
| always | **toujours** | seldom | **rarement** |
| every day | **chaque jour** | several times | **plusieurs fois** |
| every month | **chaque mois** | so many times | **tant de fois** |
| every week | **chaque semaine** | sometimes | **quelquefois/parfois** |
| every year | **chaque année** | twice | **deux fois** |

EXERCICE
**27·4**

*Choisissez la réponse logique. (Choose the logical answer.)*

1. Nous achetons la pizza...

   a. chaque jour          b. jamais          c. de temps en temps

2. Le père Noël apporte des cadeaux...

   a. rarement          b. toute l'année          c. une fois l'année

3. Les aéroports sont généralement ouverts...

   a. plusieurs fois l'année          b. toute l'année          c. deux fois l'année

4. Tu peux voir des extraterrestres...

   a. jamais          b. rarement          c. toujours

5. Généralement, les touristes vont au restaurant...

   a. toute l'année          b. chaque jour          c. une fois

6. Pour bien parler français, nous devons pratiquer...

   a. tout le temps          b. de temps en temps          c. quelquefois

7. Les êtres humains doivent respirer (*breathe*)...

   a. parfois          b. toute la vie          c. jamais

8. Nous payons la facture (*bill*) d'électricité...

   a. chaque jour          b. chaque mois          c. chaque année

**Écrivez des phrases!**

1. I go to the movie theater every week.

   _____

2. You watch television every day.

   _____

3. They read all day long.

   _____

4. I rarely work all week long.

   _____

5. We watch this movie so many times.

   _____

6. You (all) dance all the time.

   _____

   _____

# Two-verb questions
# More food

## Two-verb questions

| | | |
|---|---|---|
| STATEMENT | Nous devons étudier. | |
| QUESTION | Nous devons étudier? | Est-ce que nous devons étudier? Devons-nous étudier? |

NOTEZ    Use any one of the three interrogative structures you studied with all subject pronouns. Do not use inversion with **je**.

**EXERCICE**

**28·1**

*Posez des questions avec* **est-ce que**. *(Ask questions with* **est-ce que**.*)*

1. Why must we study?

   _____

2. When can we speak?

   _____

3. How must you (*pl.*) go to school?

   _____

4. What do they hope to do?

   _____

**EXERCICE**

**28·2**

*Posez des questions avec l'inversion. (Ask questions with inversion.)*

1. What can she read?

   _____

2. When do you (*fam.*) want to come?

   _____

3. Why must they (f.) write?

_____

4. What does he hope to study?

_____

**Demandez qui!** (*Ask who!*)  *Translate the following questions according to the example.*

EXEMPLE: Who works all week?  *Qui travaille toute la semaine?*

1. Who can go the mall?

_____

2. Who wants to eat all the time?

_____

3. Who tries to answer once or twice?

_____

4. Who hopes to be rich one day?

_____

## VOCABULAIRE

### D'autres choses à manger (Other things to eat)

| | | | |
|---|---|---|---|
| apple | **la pomme** | hot dog | **le hot dog** |
| broccoli | **le brocoli** | mustard | **la moutarde** |
| bean (green) | **le haricot (vert)** | mushroom | **le champignon** |
| beef | **le bœuf** | orange | **l'orange** (*f.*) |
| carrot | **la carotte** | pea | **le petit pois** |
| cabbage | **le chou** | potato | **la pomme de terre** |
| cauliflower | **le chou-fleur** | pumpkin | **la citrouille** |
| celery | **le céleri** | sausage | **la saucisse** |
| cherry | **la cerise** | shrimp | **la crevette** |
| corn | **le maïs** | soup | **la soupe** |
| grapes | **le raisin** | steak | **le bifteck** |
| ham | **le jambon** | strawberry | **la fraise** |

**Vrai ou faux?**

1. _____ La pomme de terre est un fruit.

2. _____ Le bifteck est un type de viande.

3. _____ Le chou et le chou-fleur sont des légumes.

4. _____ Les végétariens ne mangent jamais de jambon.

5. _____ Les spectateurs mangent souvent des hot dogs aux matchs de baseball.

6. _____ Il y a quelquefois de la moutarde sur le hot dog.

7. _____ Il y a toujours des champignons sur les gâteaux d'anniversaire.

8. _____ Le raisin peut être rouge ou vert.

**Qu'est-ce que ces choses ont en commun?** (*What do these things have in common?*)  *Match the items with their characteristics.*

1. _____ la carotte et la citrouille

2. _____ le raisin, la cerise

3. _____ le céleri et le petit pois

4. _____ la saucisse et le jambon

5. _____ le bœuf et le bifteck

6. _____ la pomme de terre et la pomme

a. Ils sont petits et ronds (*round*).

b. Elles sont blanches à l'intérieur.

c. Elles sont de couleur orange.

d. Ce sont des viandes rouges.

e. Ils sont souvent dans les sandwichs.

f. Ils sont verts et ce sont des légumes.

## Faits divers (*Fun facts*)

### Les mots tendres (*Terms of endearment*)

Les mots tendres peuvent être très drôles dans toutes les langues. Quelquefois ce sont des mots qui représentent des choses à manger ou des animaux.

| | |
|---|---|
| Tu es mon chouchou. | *You are my cream puff* (**chou à la crème**). |
| Tu es mon sucre d'orge. | *You are my barley sugar.* |
| Tu es mon petit lapin. | *You are my little bunny.* |
| Tu es mon poussin. | *You are my chick.* |
| Tu es ma biche. | *You are my doe.* |

# Comparative adverbs and adjectives Comparisons

| VOCABULAIRE | | | |
|---|---|---|---|
| **Adverbes comparatifs** (*Comparative adverbs*) | | | |
| as | **aussi** | less | **moins** |
| better | **mieux** | more | **plus** |

## Comparisons

**Regular comparative adjectives**

**plus** + adjectif + **que**          *more* + adjective + *than*
**moins** + adjectif + **que**          *less* + adjective + *than*
**aussi** + adjectif + **que**          *as* + adjective + *as*

**Irregular comparative adjectives**

**meilleur que**          *better than*
**pire que**          *worse than*

EXERCICE
**29·1**

**Traduisez!**   *Faites des comparaisons régulières.*

1. Marc is taller than Luc.

_____

2. Marie is smaller than Rose.

_____

3. My cat is fatter than my dog.

_____

4. My ruler (**règle** f.) is longer than my hand (**main** f.).

_____

5. The Gates family is richer than my parents.

_____

## EXERCICE 29·2

**Vrai ou faux?**

1. _____ La statue de la Liberté est plus haute que la tour Eiffel.

2. _____ Les vêtements à Bloomingdale's sont généralement plus chers que les vêtements à Ross.

3. _____ Le téléphone cellulaire est moins populaire que le poker.

4. _____ La ville de Montréal est plus petite que la ville de Québec.

5. _____ Le baseball est aussi populaire en France qu'aux États-Unis.

6. _____ Larry King est aussi célèbre qu'Oprah Winfrey.

## EXERCICE 29·3

**Traduisez!** *Faites des comparaisons irrégulières.*

1. A sandwich is better than a salad.

_____

2. A play is better than a movie.

_____

3. An F is worse than a D.

_____

4. The economy (**l'économie** *f.*) is worse today than yesterday.

_____

## EXERCICE 29·4

*Comparez avec l'adjectif* meilleur/meilleure.

EXEMPLE: le croissant et le pain:    *Le croissant est meilleur que le pain.* or *Le pain est meilleur que le croissant.*

1. une glace au chocolat et une glace à la vanille:

_____

2. le poulet et la dinde:

_____

3. une fraise et une cerise:

_____

4. Julia Roberts et Meryl Streep:

_____

## Faits divers (_Fun facts_)

### Les anciens monuments de Paris (_Old monuments of Paris_)

Quel monument est le plus ancien? La tour Eiffel, l'Arc de Triomphe, le magasin Le Printemps?

L'Arc de Triomphe, érigé par Napoléon en 1806 pour commémorer ses victoires, est plus ancien que la tour Eiffel, construite pour la Foire Mondiale de 1889, et il est aussi plus ancien que le magasin Le Printemps, célèbre magasin parisien créé en 1865.

# Prepositions + verb
## Il faut
# More things in the house

·30·

## Preposition + verb

**avant de** manger — *before eating*
**pour** jouer — *in order to play*

---

**VOCABULAIRE**

### Prepositions

| | | | |
|---|---|---|---|
| before | **avant de** | in order to | **afin de** |
| for/in order to | **pour** | instead of | **au lieu de** |

---

**EXERCICE**
**30·1**

### Traduisez!

1. before writing _____

2. in order to live _____

3. before speaking _____

4. instead of reading _____

5. for seeing _____

6. instead of looking _____

## Il faut

| IL FAUT + NOUN | . . . IS NECESSARY | IL FAUT + VERB | IT IS NECESSARY TO + VERB |
|---|---|---|---|
| **Il faut de l'argent.** | *Money is necessary/ needed.* | **Il faut rester.** | *It is necessary to stay.* |
| **Il faut du feu.** | *Fire is necessary.* | **Il faut finir le travail.** | *It is necessary to finish the work.* |

**Traduisez!**

1. Il faut de l'eau sur la table.

_____

2. Il faut des tableaux au mur.

_____

3. Il faut un tapis sur le plancher.

_____

4. Il faut une veilleuse dans la chambre du bébé.

_____

5. Il faut acheter des rideaux.

_____

6. Il faut écrire à grand-mère.

_____

7. Il faut parler français.

_____

8. Il faut écouter le professeur.

_____

VOCABULAIRE

## D'autres choses à l'intérieur de la maison (*Other things in the house*)

| | | | |
|---|---|---|---|
| air conditioning | **l'air conditionné** (*m.*) | key | **la clé (la clef)** |
| carpeting | **la moquette** | log | **la bûche** |
| ceiling | **le plafond** | napkin/towel | **la serviette** |
| dishes | **la vaisselle** | night light | **la veilleuse** |
| dishwasher | **le lave-vaisselle** | photo | **la photo** |
| door | **la porte** | rug | **le tapis** |
| floor | **le plancher** | stove | **la cuisinière** |
| garbage can | **la poubelle** | wastebasket | **le panier** |

NOTEZ **allumer la cuisinière, le lave-vaisselle, l'air conditionné** (*to turn on the stove, the dishwasher, the air conditioner*).

**Vrai ou faux?**

1. _____ Il y a souvent une veilleuse dans les chambres d'enfant.

2. _____ Il y a des tableaux et des photos sur le plancher.

3. _____ Il faut un tapis dans la baignoire.

4. _____ Pour ouvrir la porte principale, il faut une clé.

5. _____ Au lieu d'allumer l'air conditionné, il faut ouvrir la fenêtre!

6. _____ Il faut laver la vaisselle propre avant de dîner.

7. _____ Il y a une belle moquette au plafond.

8. _____ Nous achetons des bûches pour faire un feu (*fire*) dans la cheminée.

9. _____ Les nouvelles serviettes sont dans la poubelle.

10. _____ Notre vieux (*old*) journal est dans le panier.

EXERCICE

30·4

**Qu'est-ce qu'il faut? (***What is needed?***)** *From the vocabulary list given earlier, choose what you need in each of the following situations.*

1. Pour montrer ta famille à tes amis:

_____

2. Pour faire un feu dans la cheminée:

_____

3. Pour ouvrir la porte de la chambre d'hôtel:

_____

4. Pour les papiers que tu ne veux pas:

_____

5. Pour manger:

_____

6. Pour réchauffer (*heat up*) la soupe:

_____

| Il **faut** + verb | *you/we must* + verb |
| Il **ne faut pas** + verb | *you/we must not* + verb |
| Il **faut faire** tes devoirs, Marie. | *You have to do your homework, Marie.* |
| Il **faut acheter** vos livres. | *You (all) have to buy your books.* |
| Il **ne faut pas être** pessimiste. | *We/You must not be pessimistic.* |

EXERCICE
30·5

**Ce qu'il faut faire.** (*What must be done.*)   *Suivez le modèle.*

EXEMPLE: Denise, tu ne fais pas attention.     *Il faut faire attention.*

1. Jacques, tu n'étudies pas.

_____

2. Jojo et Mimi, vous ne dormez pas.

_____

3. Nous ne mangeons pas assez de légumes.

_____

4. Vous ne lisez pas vos livres.

_____

5. Vous ne faites pas de sport.

_____

EXERCICE
30·6

**Écrivez des phrases!**

1. In order to have an "A," it is necessary to study.

_____

2. Before eating, it is necessary to prepare dinner.

_____

3. Instead of playing soccer, you must try to play football.

_____

4. It is necessary to eat well in order to be in good shape.

_____

5. You must do sports in order to be strong (**fort[e]**).

_____

6. We must be happy.

_____

7. You must not smoke.

_____

8. We must not be sad.

_____

# Leçons 26–30

EXERCICE

## R6·1

**Traduisez!**

1. I can speak French.

_____

2. I want to go to France.

_____

3. We have to go shopping. (use **devoir**)

_____

4. We must go to the mall. (use **Il faut**)

_____

5. He hopes to win the match.

_____

6. She prefers to dance.

_____

EXERCICE

## R6·2

**Le savez-vous?** (*Do you know?*)  *Choose the letter corresponding to the correct answer.*

1. Quel animal n'est pas dans l'eau?

   a. le poisson       b. le canard       c. la vache

2. Qu'est-ce qui n'est pas vert?

   a. le céleri        b. le maïs         c. le petit pois

3. Qu'est-ce qui n'est pas un fruit?

    a. la cerise        b. la pomme        c. le haricot

4. Qu'est-ce qui n'est pas mangeable pour les végétariens?

    a. le riz            b. le chou-fleur        c. le jambon

5. Qu'est-ce qui n'est généralement pas sur un hamburger?

    a. le chou-fleur        b. la tomate        c. la moutarde

---

**EXERCICE**

**R6·3**

### Conjuguez!

| | JE/J' | TU | IL/ELLE | NOUS | VOUS | ILS/ELLES |
|---|---|---|---|---|---|---|
| 1. avoir | | | | | | |
| 2. être | | | | | | |
| 3. faire | | | | | | |
| 4. aller | | | | | | |
| 5. devoir | | | | | | |
| 6. pouvoir | | | | | | |
| 7. vouloir | | | | | | |
| 8. espérer | | | | | | |

---

**EXERCICE**

**R6·4**

*Répondez avec une phrase complète.*

1. Qu'est-ce qui est plus rapide, l'avion ou le train?

    _____

2. De quelle couleur est le maïs?

    _____

3. Qu'est-ce qui est pire, un accident de voiture ou un C en français?

    _____

4. Est-ce que l'agent de police peut arrêter les criminels?

    _____

5. Qui est le meilleur nageur, Michael Phelps ou toi?

_____

6. Qu'est-ce qui est plus grand, la tour Eiffel ou l'Arc de Triomphe?

_____

EXERCICE

R6·5

**Finissez la phrase logiquement.** _Choose the logical ending for each sentence._

1. _____ Aujourd'hui nous fêtons mon anniversaire...          a.   plusieurs fois chaque classe.

2. _____ Ils marchent (_walk_)...          b.   cinq fois par jour.

3. _____ Tu réponds au professeur...          c.   joyeusement.

4. _____ Nous disons... au revoir à nos amis.          d.   tristement.

5. _____ Je vais à l'école...          e.   rapidement.

EXERCICE

R6·6

**Vrai ou faux?**

1. _____ Un A est une meilleure note qu'un B.

2. _____ Pour avoir une bonne note, il faut étudier.

3. _____ Avant de manger, il faut laver la vaisselle.

4. _____ Au lieu de manger un sandwich, on peut manger deux poulets.

5. _____ Les étudiants doivent aller au cinéma au lieu de faire les devoirs.

6. _____ Il faut allumer la cuisinière quand on a chaud.

7. _____ Les légumes frais doivent rester dans le réfrigérateur.

8. _____ Un grand feu peut être dangereux.

9. _____ La moquette est toujours dans la poubelle.

10. _____ Un père est aussi important qu'une mère.

# ·VII·

## Grammar

## Vocabulary

## Fun facts

# Demonstrative adjectives Common stem-changing -er verbs Expressions of time

## Demonstrative adjectives

|  | SINGULAR | PLURAL |
|---|---|---|
| *this, that* | *these, those* | |
| MASCULINE | **ce** + noun starting in a consonant sound | **ces** |
| MASCULINE | **cet** + noun starting in a vowel sound | **ces** |
| FEMININE | **cette** + noun | **ces** |

NOTEZ  -**Ci** or -**là** may be added after the noun when you wish to emphasize a contrast between *this* and *that* as in: **ce chapeau-ci et ce chapeau-là** (*this hat and that hat*).

---

EXERCICE
### 31·1

**Traduisez!**

1. this/that house_____

2. this/that son_____

3. this/that animal_____

4. these/those schools_____

5. this/that bathroom _____

6. this/that garage _____

7. this armchair and that armchair _____

8. these/those stairways _____

## Stem-changing verbs

**Common -er verbs with t→tt and l→ll stem changes**

to throw        **jeter**     to call   **appeler**

**Common -er verbs with e→è, e→é, and y→i stem changes**

| | e→è | | è→é | | y→i |
|---|---|---|---|---|---|
| to buy | **acheter** | to celebrate | **célébrer** | to bore/annoy | **ennuyer** |
| to freeze | **geler** | to hope | **espérer** | to clean | **nettoyer** |
| to lift/raise | **lever** | to possess | **posséder** | to pay | **payer** |
| to walk | **promener** | to prefer | **préférer** | to try | **essayer** |

---

**EXERCICE**

**31·2**

### Vrai ou faux?

1. _____ Quand on veut acheter quelque chose, il faut payer.

2. _____ En Floride, il va geler tous les jours.

3. _____ On doit nettoyer sa chambre de temps en temps.

4. _____ Il faut lever la main en classe avant de répondre.

5. _____ Nous devons essayer de parler anglais en classe de français.

6. _____ Il faut espérer que l'économie va être meilleure cette année.

7. _____ Ce documentaire sur la politique va ennuyer les enfants.

8. _____ Les Français aiment célébrer leur fête d'indépendance le 4 juillet.

9. _____ Un homme riche peut posséder un château.

10. _____ Un professeur ne doit pas aimer un étudiant mieux qu'un autre.

---

## Expressions de temps (*Expressions of time*)

| | | | |
|---|---|---|---|
| this afternoon | **cet après-midi** | this time | **cette fois** |
| this instant | **cet instant** | this week | **cette semaine** |
| this month | **ce mois** | this year | **cette année** |
| this morning | **ce matin** | tonight | **ce soir** |

## EXERCICE 31·3

**Écrivez des phrases!**

1. I can try to call my friend now.

_____

2. If he does not answer, I have to call tonight.

_____

3. I am going to throw away these papers.

_____

4. I try to clean this office once a month.

_____

5. I like to buy my clothes at this store.

_____

6. I do not like to bore my students.

_____


## EXERCICE 31·4

**Que va faire cette dame?** (*What is this woman going to do?*)   *Match each situation with what this person wants to do.*

1. _____ C'est son anniversaire.                         a.  Elle va nettoyer son garage.

2. _____ Il fait beau ce matin.                           b.  Elle va jeter ce papier dans le panier.

3. _____ Elle ne veut plus cet appartement.              c.  Elle va promener son chien.

4. _____ Elle veut plus de place pour sa voiture.        d.  Elle va célébrer.

5. _____ Elle veut nettoyer le plancher de la cuisine.   e.  Ce mois elle va acheter une maison.

6. _____ Elle n'aime pas cette lettre.                    f.  Elle va enlever les chaises.

# Jeter   Appeler
# The forms of **vieux**, **beau**, **nouveau**
# Friends

## Conjugations of **jeter** and **appeler**

**jeter** *to throw (away)*

| je | jette | nous | jetons |
|----|-------|------|--------|
| tu | jettes | vous | jetez |
| il | jette | ils | jettent |
| elle | jette | elles | jettent |
| on | jette | | |

**appeler** *to call*

| j' | appelle | nous | appelons |
|----|---------|------|----------|
| tu | appelles | vous | appelez |
| il | appelle | ils | appellent |
| elle | appelle | elles | appellent |
| on | appelle | | |

EXERCICE
## 32·1

**Vrai ou faux?**

1. _____ On appelle la police quand il fait beau.

2. _____ Vous appelez le médecin quand vous êtes malade.

3. _____ Les parents appellent toujours leurs enfants au cinéma.

4. _____ Nous appelons le professeur pour demander des réponses à l'examen.

5. _____ Tu jettes la peau (*peel*) de la banane.

6. _____ Vous jetez votre beau bracelet.

7. _____ Nous jetons nos vieilles chaussettes.

8. _____ Les étudiants jettent leurs nouveaux livres.

# Forms of vieux (old), nouveau (new), and beau (handsome/beautiful)

|  | SINGULAR | PLURAL |
|---|---|---|
| MASCULINE | vieux/vieil | vieux |
|  | beau/bel | beaux |
|  | nouveau/nouvel | nouveaux |
| FEMININE | vieille | vieilles |
|  | belle | belles |
|  | nouvelle | nouvelles |

NOTEZ    Each of these adjectives has two masculine singular forms. One is used before a noun starting with a consonant sound (**le vieux monsieur** *the old gentleman*) and the other is used before a vowel sound (**le vieil arbre** *the old tree*)

### EXERCICE 32·2

*Complétez chaque phrase avec l'adjectif correct.*

1. C'est un _____ acteur.                      a. nouveau    b. nouvel

2. Ces actrices sont _____                     a. beaux      b. belles

3. J'achète une _____ robe.                    a. nouvel     b. nouvelle

3. Je ne jette jamais mes _____ chaussures.    a. vieille    b. vieilles

4. Mes parents recyclent leurs _____ journaux. a. vieil      b. vieux

5. Je laisse ma place à ce _____ homme.        a. vieux      b. vieil

6. Paris est une très _____ ville.             a. bel        b. belle

7. La France est un _____ pays.                a. beau       b. bel

8. Tahiti et Moorea sont des îles vraiment _____   a. bel    b. belles

### EXERCICE 32·3

**Vieux/vieille ou nouveau/nouvelle?** (*Old or new?*)   *Mark an X in the correct column to describe each item.*

|  | VIEUX | VIEILLE | NOUVEAU | NOUVELLE |
|---|---|---|---|---|
| 1. Un vêtement à Macy's | _____ | _____ | _____ | _____ |
| 2. Une voiture de 1980 | _____ | _____ | _____ | _____ |
| 3. Un théâtre romain | _____ | _____ | _____ | _____ |
| 4. Un café ouvert en 2010 | _____ | _____ | _____ | _____ |

5. La cathédrale Notre-Dame de Paris  _____  _____  _____  _____

6. Un livre publié en 2012  _____  _____  _____  _____

---

## VOCABULAIRE

### Les amis (*Friends*)

| | | | |
|---|---|---|---|
| buddy/pal | **le/la camarade** | friend | **l'ami(e)** |
| classmate | **le/la camarade de classe** | (boy/girl)friend | **le copain / la copine** |

---

### EXERCICE
### 32·4

**Traduisez!**

1. I call my old friends every day.

   _____

2. You only call your new girlfriend?

   _____

3. She often calls her handsome boyfriend.

   _____

4. I throw away or give away my old clothes.

   _____

5. We throw away the old pizza.

   _____

6. My classmates throw away their old notebooks.

   _____

## Faits divers (*Fun facts*)

### Une vieille ville francophone (*An old Francophone city*)

La vieille ville de Québec, fondée en 1608 par Samuel de Champlain, est déclarée patrimoine mondial par l'UNESCO en 1985. C'est la seule ville fortifiée en Amérique du Nord.

# -Er verbs with e→è stem change Prepositions: location of things and people

## -Er verbs with e→è stem change

**acheter** *to buy*

| | | | |
|---|---|---|---|
| j' | achète | nous | achetons |
| tu | achètes | vous | achetez |
| il | achète | ils | achètent |
| elle | achète | elles | achètent |
| on | achète | | |

NOTEZ   The verbs **acheter** (*to buy*), **lever** (*to raise/lift*), **geler** (*to freeze*), and **promener** (*to walk* [i.e., *the dog*]) follow this conjugation pattern.

### EXERCICE 33·1

**Écrivez des phrases!**

1. You (*pl.*) buy a kilo of apples.

   _____

2. They (*m.*) buy a cake.

   _____

3. We raise a hand.

   _____

4. She lifts the table.

   _____

5. I freeze the ham.

   _____

6. The oranges freeze when it is very cold.

   _____

7. You (*fam.*) walk your dog.

_____

8. They (*f.*) walk their dog.

_____

EXERCICE

33·2

**Vrai ou faux?**

1. _____ On achète de vieilles bananes au marché.

2. _____ On achète des voitures à la librairie.

3. _____ En hiver, il gèle souvent au Canada.

4. _____ En classe, les élèves lèvent la main avant de répondre.

5. _____ Beaucoup de personnes promènent leurs poules.

6. _____ L'infirmière promène la vieille dame.

---

**VOCABULAIRE**

## Prepositions and prepositional phrases

### Simple prepositions

| behind | **derrière** | in front of | **devant** |
| between | **entre** | on | **sur** |
| in/inside | **dans** | under | **sous** |

### Prepositional phrases

| across from | **en face de** | next to | **à côté de** |
| far from | **loin de** | to the left of | **à gauche de** |
| near | **près de** | to the right of | **à droite de** |

NOTEZ After prepositional phrases that include **de**, the contractions **du** and **des** may be necessary as in: **près du café** (*near the café*) or **loin des parcs** (*far from the parks*).

**EXERCICE 33·3**

**Écrivez des phrases!**

1. I am in front of the teacher.

_____

2. Her book is on her desk.

_____

3. The strawberries are between the oranges and the apples.

_____

4. His cat is under the table.

_____

5. My bed is next to the window.

_____

6. The café is inside the mall.

_____

7. The bakery is far from here.

_____

8. The restaurant is to the right of the movie theater.

_____

9. There is a park across from the school.

_____

10. The library is near my school.

_____

**EXERCICE 33·4**

**Devinez quels sont les endroits.** (*Guess what the places are.*) *Match the places with their description.*

1. _____ C'est un monument sur la place de l'Étoile à Paris.     a.  Versailles

2. _____ C'est un musée célèbre à côté de la Seine.     b.  Le jardin des Tuileries

3. _____ C'est un château célèbre près de Paris.     c.  Le Louvre

4. _____ C'est un parc devant le Louvre.     d.  L'Arc de Triomphe

# -Er verbs with é→è stem change
# More prepositions (place, time, and people)
# Parts of the day

## -Er verbs with é→è stem change

**préférer** *to prefer*

| | | | |
|---|---|---|---|
| je | préfère | nous | préférons |
| tu | préfères | vous | préférez |
| il | préfère | ils | préfèrent |
| elle | préfère | elles | préfèrent |
| on | préfère | | |

NOTEZ  The verbs **célébrer** (*to celebrate*), **espérer que/qu'** (*to hope that*), **posséder** (*to own/possess*), and **préférer** (*to prefer*) follow this conjugation pattern.

**EXERCICE**
## 34·1

**Écrivez des phrases!**

1. I celebrate Thanksgiving.

_____

2. We celebrate our birthdays.

_____

3. You (*fam.*) hope that the exam is easy.

_____

4. You (all) hope that it is nice (weather).

_____

5. He owns many banks.

_____

6. We own a house.

_____

7. I prefer vegetables.

_____

8. You (all) prefer fruit.

_____

# Prepositions to express *at, in, inside, to,* a place

| **À** + ARTICLE + PLACE | | **DANS** + ARTICLE + PLACE | |
|---|---|---|---|
| at/in/to school | **à l'école** | in/inside the book | **dans le livre** |
| at/in/to the stadium | **au stade** | in/inside the house | **dans la maison** |
| at/in/to the cafés | **aux cafés** | in/inside the room | **dans la chambre** |

# Prepositions to express *in* + time, month, season, and year

| PART OF DAY | | MONTH OR SEASON | | YEAR | |
|---|---|---|---|---|---|
| A.M. | **du matin** | in January | **en janvier** | in 1900 | **en 1900** |
| P.M. | **de l'après-midi** | in February | **en février** | in 2000 | **en 2000** |
| P.M. | **du soir** | in the summer | **en été** | in 2012 | **en 2012** |

Notez    *In the summer* can be expressed as **l'été** (*m.*) or **en été**, *in the fall* as **l'automne** (*m.*) or **en automne**, and *in the winter* as **l'hiver** (*m.*) or **en hiver**. *In the spring* is **le printemps** or **au printemps**.

---

### VOCABULAIRE

## Les parties de la journée (*Parts of the day*)

| | | | |
|---|---|---|---|
| the morning / in the morning | **le matin** | the day / during the day | **le jour** |
| the afternoon / in the afternoon | **l'après-midi** | the night / at night | **la nuit** |
| the evening / in the evening | **le soir** | | |

---

**EXERCICE**

**34·2**

**Vrai ou faux?**

1. _____ En hiver, on fait beaucoup de pique-niques.

2. _____ La voiture de mon père est dans ma chambre.

3. _____ La fête de la Saint-Valentin est en février.

4. _____ Généralement, on préfère dormir la nuit.

5. _____ On prend toujours le petit déjeuner à six heures du soir.

6. _____ L'été, à l'école primaire, il n'y a pas de classes.

7. _____ Nous espérons regarder un match de tennis au stade à onze heures du matin.

8. _____ À l'université, les étudiants ont souvent plus de dix-huit ans.

# Prepositions used with people

| à | to | de | from/of |
|---|---|---|---|
| **avec** | with | **pour** | for |
| **chez** | at/to someone's home | | |

EXERCICE
34·3

*Complétez chaque phrase avec* à, avec, chez, de *ou* pour. *There may be more than one answer in some cases.*

1. Je parle tout le temps _____ ma copine.

2. Nous allons _____ Suzanne ce soir.

3. J'ai acheté ce cadeau _____ elle.

4. C'est le cahier _____ Cléa.

5. Tu veux aller au concert _____ moi?

6. La réponse _____ Camille est excellente.

7. Vous écrivez souvent _____ vos amis.

8. Mes copains adorent dîner _____ mes parents.

## Faits divers *(Fun facts)*

### Des noms de restaurants et de boîtes de nuit *(Names of restaurants and night clubs)*

*Chez Marcel, Chez Philippe, Chez Jo-Jo, Chez Michel* sont des noms de restaurants. Ces restaurants sont nommés d'après le propriétaire du restaurant. Il y en a partout en France.

    *Chez Régine* est le nom d'une boîte de nuit ouverte à Paris dans les années soixante-dix par une chanteuse du nom de Régine. La boîte de nuit est près des Champs Élysées. Régine a lancé le *twist* en France en 1961 et elle dit avoir « inventé » la discothèque car c'est elle la première à installer des jeux de lumières colorés sur une piste de danse.

# -Er verbs with y→i stem change
# Near future: **aller** + *infinitive*
# Near past: **venir de** + *infinitive*

## -Er verbs with y→i stem change

| **essayer (de/d')** | | | *to try on / to try (to . . . )* |
|---|---|---|---|
| j' | essaie | nous | essayons |
| tu | essaies | vous | essayez |
| il | essaie | ils | essaient |
| elle | essaie | elles | essaient |

NOTEZ   The verbs **ennuyer** (*to annoy/bore*), **nettoyer** (*to clean*), and **payer** (*to pay*) also follow this conjugation pattern.

**EXERCICE**
**35·1**

### Écrivez des phrases!

1. I try on my new sweater.

   _____

2. You (*fam.*) try to speak French.

   _____

3. We bore our friends with these stories.

   _____

4. They (*f.*) annoy their little brother.

   _____

5. The chef cleans his kitchen.

   _____

6. You (all) do not clean your house.

   _____

7. I pay for my sister.

_____

8. We pay a lot for these clothes.

_____

# Near future

| aller + _infinitive_ | | | | | |
|---|---|---|---|---|---|
| **je** | **vais** | **payer** | _I_ | _am going_ | _to pay_ |
| **tu** | **vas** | **réussir** | _you_ | _are going_ | _to succeed_ |
| **il** | **va** | **répondre** | _he_ | _is going_ | _to answer_ |
| **elle** | **va** | **téléphoner** | _she_ | _is going_ | _to phone_ |
| **nous** | **allons** | **écrire** | _we_ | _are going_ | _to write_ |
| **vous** | **allez** | **lire** | _you_ | _are going_ | _to read_ |
| **ils** | **vont** | **partir** | _they_ | _are going_ | _to leave_ |
| **elles** | **vont** | **dormir** | _they_ | _are going_ | _to sleep_ |

**EXERCICE**

**35·2**

**Vrai ou faux?**

1. _____ Nous allons finir tous les exercices dans ce livre aujourd'hui.

2. _____ L'ours va dormir tout l'hiver.

3. _____ Nous allons dîner au restaurant ce soir à minuit.

4. _____ Mes parents vont fêter leur premier anniversaire de mariage samedi.

5. _____ Les étudiants américains vont écrire un essai en anglais.

6. _____ Le professeur va essayer d'expliquer cette leçon difficile.

7. _____ Ces histoires très amusantes vont ennuyer les spectateurs.

8. _____ Vous allez prendre le train pour aller de New York à Paris.

**Complétez les phrases.** *Complete each sentence with the most appropriate phrase from the right-hand column.*

1. _____ Tom Cruise va...

2. _____ Tiger Woods va...

3. _____ Venus et Serena Williams vont...

4. _____ Norah Jones va...

5. _____ Larry King va...

6. _____ Elvis Presley va...

a. chanter dans des night-clubs new-yorkais

b. participer au French Open

c. interviewer une célébrité.

d. jouer dans un nouveau film.

e. rester célèbre dans le monde du rock.

f. gagner un tournoi de golf

# Near past

**venir de** + *infinitive*

| je | viens de | rentrer | I | just | came back |
|---|---|---|---|---|---|
| tu | viens de | sortir | you | just | went out |
| il | vient de | perdre | he | just | lost |
| elle | vient de | terminer | she | just | finished |
| nous | venons d' | arriver | we | just | arrived |
| vous | venez de | manger | you | just | ate |
| ils | viennent de | nettoyer | they | just | cleaned |
| elles | viennent d' | appeler | they | just | called |

**Qu'est-ce que chaque personne vient de faire?** (*What did each person just do?*) *Choose the letter that goes with the logical end to each sentence.*

1. _____ Le vendeur de chaussures vient...

2. _____ L'épicière vient...

3. _____ L'étudiant vient...

4. _____ La serveuse vient...

5. _____ Le coiffeur vient...

6. _____ La jardinière vient...

7. _____ L'employé d'Air France vient...

8. _____ Le boulanger vient...

a. de vendre une bouteille d'eau.

b. de passer un examen.

c. de couper les cheveux du client.

d. de faire un bouquet.

e. de vérifier la carte d'embarquement.

f. de finir ses croissants.

g. de montrer une paire de sandales à une dame.

h. d'apporter la salade.

**Écrivez des phrases!**

1. I just ate a sandwich.

_____

2. You (*fam.*) just tried on a dress.

_____

3. He just bought a new car.

_____

4. She just threw away an old magazine.

_____

5. We just went to the cinema.

_____

6. My friends just called.

_____

# Leçons 31–35

## EXERCICE
## R7·1

**Traduisez!**

1. This afternoon, I am going to buy a new bike.

   _____

2. I prefer to go out with my friends in the evening.

   _____

3. Oranges freeze when it is too cold.

   _____

4. The museum is far from the hotel.

   _____

5. We are behind my parents at the movie theater.

   _____

6. My keys are on my desk in my room.

   _____

7. This gift is for my mother.

   _____

8. In the summer, I do not go to school.

   _____

## EXERCICE
## R7·2

**Vrai ou faux?**

1. _____ Il faut quelquefois nettoyer sa chambre.

2. _____ Nous dormons généralement sous le lit.

163

3. _____ Vous avez la main sur le papier quand vous écrivez.

4. _____ On prend le déjeuner à six heures du matin.

5. _____ Les enfants de dix ans vont à l'école en juillet et en août.

6. _____ Tu vas finir ce travail bientôt.

7. _____ Les Français vont célébrer la fête de la Bastille le 14 juillet.

8. _____ Tu viens de faire l'exercice R7-2.

**Maintenant** (*now*), **avant** (*before*) **ou après** (*later*)? (*Is this happening now, did it happen before or is it going to happen later?*) *Mark the space that corresponds to the time mentioned in the statement.*

| | MAINTENANT | AVANT | APRÈS |
|---|---|---|---|
| 1. Je grossis parce que je mange trop. | _____ | _____ | _____ |
| 2. Il va étudier le français en France. | _____ | _____ | _____ |
| 3. Le mécanicien vient de réparer le moteur. | _____ | _____ | _____ |
| 4. Tu es à l'école avec tes amis. Tu travailles. | _____ | _____ | _____ |
| 5. Nous avons très faim. Il est midi. | _____ | _____ | _____ |
| 6. Le professeur vient d'arriver. | _____ | _____ | _____ |
| 7. La serveuse va apporter nos sandwichs. | _____ | _____ | _____ |
| 8. Tu portes tes nouveaux sous-vêtements. | _____ | _____ | _____ |
| 9. Les filles jouent au tennis. | _____ | _____ | _____ |
| 10. Nous venons de rentrer de France. | _____ | _____ | _____ |

## Faits divers (*Fun facts*)

### Tahiti

Tahiti est une île dans l'océan Pacifique. C'est une des nombreuses îles de la Polynésie française. Elle est près de la Nouvelle-Zélande et très loin des États-Unis. Sur l'île, il y a des palmiers et des bananiers ainsi que des fleurs tropicales comme l'hibiscus et la tiare. Deux volcans culminent à des hauteurs respectables près de larges vallées et plaines. Les côtes de Tahiti sont protégées par des massifs coralliens et offrent de longues plages basaltiques. Sur les côtes des îles polynésiennes, on cultive les plus belles perles du monde.

# ·VIII·

## Grammar

## Vocabulary

## Fun facts

# Direct object pronouns Gifts

·36·

## Direct object pronouns

| | | | |
|---|---|---|---|
| **me/m'** | me | **le** | it/him |
| **te/t'** | you (*fam.*) | **la** | it/her |
| **nous** | us | **l'** | it/him/her (*before vowel sound*) |
| **vous** | you (*form., pl.*) | **les** | them |

NOTEZ    Remember to place the object pronoun before the verb as in the following example: **Il *me* cherche**. *He looks for **me**.*

---

**VOCABULAIRE**

### Cadeaux (*Gifts*)

| | | | |
|---|---|---|---|
| bouquet | **le bouquet** | perfume | **le parfum** |
| bracelet | **le bracelet** | purse, bag | **le sac à main** |
| earring | **les boucles d'oreille** (*f.*) | ring | **la bague** |
| jewelry | **les bijoux** (*m.*) | subscription | **l'abonnement** (*m.*) |
| necklace | **le collier** | video game | **le jeu vidéo** |

---

**EXERCICE**
**36·1**

**Traduisez les phrases.**

1. You watch me.

   _____

2. He likes me.

   _____

3. They call us.

   _____

4. The teacher looks for you (all).

   _____

5. His parents invite us.

_____

6. She loves you (*fam.*).

_____

*Traduisez les deux paires de phrases. (Translate each pair of sentences.)*

1. I like the book. _____

    I like it. _____

2. We love the jewelry (**les bijoux**). _____

    We love them. _____

3. You (*fam.*) read the magazine. _____

    You read it. _____

4. She buys the video game. _____

    She buys it. _____

5. He eats the pizza. _____

    He eats it. _____

6. I buy the subscriptions. _____

    I buy them. _____

7. He adores the necklace. _____

    He adores it. _____

8. We want the perfume. _____

    We want it. _____

9. They (*m.*) write the letter. _____

    They write it. _____

10. You (all) give the bouquet. _____

    You give it. _____

**Vrai ou faux?** *Are these speakers' statements logical or illogical?*

1. _____ Quand j'ai soif et que j'ai de l'eau, je la bois.

2. _____ Quand je reçois une lettre de mon copain, je la jette.

3. _____ Quand je veux parler à mon amie, je l'appelle au téléphone.

4. _____ J'ai des boucles d'oreille très jolies. Je les porte souvent.

5. _____ Quand je dois acheter du pain, mes parents me donnent cent dollars.

6. _____ Quand le gâteau est bon, tout le monde le mange.

7. _____ Quand tu me donnes un cadeau, je te déteste.

8. _____ Quand nos bons amis ont des tickets de concert, ils nous invitent.

*Complétez chaque phrase avec le pronom objet direct approprié. (Complete each sentence with the appropriate object pronoun **le**, **la**, **l'**, or **les**.)*

1. Je veux un abonnement à ce magazine. Je _____ paie.

2. Nous aimons ces pantalons. Nous _____ essayons.

3. Mes amis trouvent un jeu vidéo amusant. Ils _____ achètent.

4. Je vois des boucles d'oreille très belles. Je _____ adore.

5. Regarde cette bague! Tu _____ veux?

*Complétez chaque phrase avec le pronom objet direct approprié. (Complete each sentence with the appropriate object pronoun **me/m'**, **te/t'**, **nous**, or **vous**.)*

1. Tu es ma meilleure amie. Je _____ invite à ma fête d'anniversaire.

2. C'est la Saint-Valentin aujourd'hui. Dis, tu _____ aimes?

3. Nous sommes en vacances. Nos parents _____ envoient un e-mail.

4. Vous êtes mon chauffeur de taxi. Je _____ donne un pourboire (*tip*).

## Faits divers *(Fun facts)*

### Comment choisir les cadeaux *(How to choose gifts)*

Pour trouver un bon cadeau pour votre copain ou copine, pensez à ses passe-temps préférés. Elle aime bricoler? Vous pouvez l'inscrire à un petit cours en scrapbooking; elle l'adorera. Il aime lire? Un abonnement à un magazine qu'il apprécie est idéal.

Pour trouver un bon cadeau pour votre grand-mère, imaginez de petites attentions, des choses simples mais touchantes, peut-être de belles photos des enfants, petits-enfants et arrière-petits-enfants.

# Savoir
# Hobbies
# Ne... pas

**savoir** *to know a fact / to know how*

| je | sais | nous | savons |
| --- | --- | --- | --- |
| tu | sais | vous | savez |
| il | sait | ils | savent |
| elle | sait | elles | savent |
| on | sait | | |

NOTEZ    The verb **savoir** is often followed by **que/qu'** (*that*) as in: **Je sais *que* tu viens.** *I know that you're coming.*

---

**VOCABULAIRE**

## Les passe-temps et les hobbies (*Pastimes and hobbies*)

| | | | |
| --- | --- | --- | --- |
| to chat | **bavarder** | to paint | **peindre** |
| to go shopping | **faire des achats** | to play soccer | **jouer au foot** |
| to go to the movies | **aller au cinéma** | to play the piano | **jouer du piano** |
| to listen to music | **écouter de la musique** | to tinker | **bricoler** |

---

**Traduisez chaque phrase.**

1. I know how to play the piano.

   _____

2. You (*fam.*) know how to paint.

   _____

3. She knows how to play soccer.

   _____

4. We know that he likes pizza.

   _____

5. My friends know that I like to chat.

_____

6. They know that we tinker all the time.

_____

EXERCICE
**37·2**

**Vrai ou faux?**

1. _____ Un professeur de français sait parler français.

2. _____ Un mécanicien sait réparer un moteur.

3. _____ Un bon président sait gouverner.

4. _____ Un dentiste sait beaucoup de choses sur les animaux.

5. _____ Un bijoutier sait beaucoup de choses sur les bijoux.

6. _____ Les astronautes doivent savoir nager.

7. _____ Nous savons où est notre maison.

8. _____ Nos parents ne savent pas quand nous sommes nés (*born*).

# Making a verb negative with **ne... pas**

| | | | | |
|---|---|---|---|---|
| AFFIRMATIVE STATEMENT | Il | sait | | compter. |
| PATTERN | subject + verb + complement | | | |
| NEGATIVE STATEMENT | Il | **ne** sait | **pas** | compter. |
| PATTERN | subject + **ne** + verb + **pas** + complement | | | |

Notez   **Ne** becomes **n'** before a vowel sound as in: **Je n'aime pas lire.** *I do not like to read.*

EXERCICE
**37·3**

**Traduisez chaque phrase.**

1. I do not know where you (*fam.*) live.

_____

2. You (*fam.*) do not know how to play golf.

_____

3. She does not know that it snows here.

_____

4. You (*pl.*) do not want to know the truth.

_____

5. They (*f.*) do not know that I play the violin.

_____

**Vrai ou faux?**

1. _____ Le Texas n'est pas un petit état.

2. _____ Nous ne savons pas du tout le français.

3. _____ La France n'est pas gouvernée par un dictateur.

4. _____ Matt Damon et Brad Pitt ne sont pas célèbres.

5. _____ Angelina Jolie ne sait pas le français.

6. _____ Les acteurs qui travaillent comme serveurs ne sont pas riches.

7. _____ Les éléphants ne sont pas des animaux domestiques.

8. _____ Donald Trump n'est pas millionnaire.

# Making a noun phrase negative with **pas**

| | | | |
|---|---|---|---|
| AFFIRMATIVE NOUN PHRASE | à la maison | le lundi | Pierre |
| | *at home* | *on Mondays* | *Pierre* |
| NEGATIVE NOUN PHRASE | **pas** à la maison | **pas** le lundi | **pas** Pierre |
| | *not at home* | *not on Mondays* | *not Pierre* |

# Making a partitive article negative with **pas**

| | MASCULINE | FEMININE | PLURAL |
|---|---|---|---|
| AFFIRMATIVE (*SOME . . .*) | **du** pain | **de la** glace | **des** bonbons |
| NEGATIVE (*NO/ANY*) | **pas de** pain | **pas de** glace | **pas de** bonbons |

# Making an adverb negative with **pas**

| | | | |
|---|---|---|---|
| AFFIRMATIVE ADVERB | ici | bien | aujourd'hui |
| | *here* | *well* | *today* |
| NEGATIVE ADVERB | **pas** ici | **pas** bien | **pas** aujourd'hui |
| | *not here* | *not well* | *not today* |

**Traduisez chaque exclamation.**

1. Not so fast! _____

2. Not in the kitchen! _____

3. Not every day! _____

4. No ice cream please! _____

5. No bread, thank you! _____

6. Not in the summer! _____

**Quelle est la réponse logique de l'étudiant au professeur?** *(Which is the logical response from the student to the teacher?) Choose the student's response from among those in the right-hand column.*

1. _____ Je dois donner des devoirs de temps en temps.　　a.　Pas en classe de français!

2. _____ Quelquefois, vous me donnez la migraine.　　b.　Mais pas avec nos parents!

3. _____ Il ne faut pas parler de vos vacances.　　c.　Mais pas tous les jours!

4. _____ Vous ne devez pas faire les devoirs de maths.　　d.　Mais pas quand nous sommes sages.

5. _____ Vous parlez français avec vos camarades.　　e.　Pas pendant la leçon de grammaire!

## Faits divers *(Fun facts)*

### Les hobbies en France *(Hobbies in France)*

Les Français passent beaucoup de temps à téléphoner, à regarder la télévision et à écouter de la musique. Environ cinquante pour cent vont au cinéma, quarante-trois pour cent surfent sur Internet, quarante pour cent regardent des films sur DVD et trente-cinq pour cent effectuent des activités de loisirs sur un ordinateur. Les jeunes de quinze à vingt-cinq ans passent beaucoup de temps à des jeux vidéo sur ordinateur.

# Connaître
# The neighborhood
# Countries and states

## Conjugation of connaître

**connaître** *to be familiar with (a place or a person)*

| | | | |
|---|---|---|---|
| je | connais | nous | connaissons |
| tu | connais | vous | connaissez |
| il | connaît | ils | connaissent |
| elle | connaît | elles | connaissent |
| on | connaît | | |

---

**VOCABULAIRE**

### Le quartier (*The neighborhood*)

| | | | |
|---|---|---|---|
| the cafe | **le café** | the pool | **la piscine** |
| the church | **l'église** (*f.*) | the restaurant | **le restaurant** |
| the library | **la bibliothèque** | the school | **l'école** (*f.*) |
| the plaza/square | **la place** | the sports club | **le centre sportif** |

---

**EXERCICE**
**38·1**

**Traduisez chaque phrase.**

1. I know this restaurant well.

   _____

2. You (*fam.*) do not know this sports club.

   _____

3. She does not know the neighborhood.

   _____

4. We know many good cafes.

   _____

5. You (*pl.*) know this library.

_____

6. They know our school.

_____

**Vrai ou faux?**

1. _____ Les New-Yorkais connaissent Central Park.

2. _____ Les Français connaissent Audrey Tautou.

3. _____ Un Parisien connaît tous les musées de France.

4. _____ Nous connaissons toujours personnellement nos politiciens.

5. _____ Les jeunes d'aujourd'hui connaissent bien Humphrey Bogart.

6. _____ Un avocat doit bien connaître ses clients.

7. _____ Un bon médecin connaît ses patients.

8. _____ Nous connaissons beaucoup de chansons contemporaines.

---

VOCABULAIRE

## Des pays et des états (*Some countries and states*)

| EN EUROPE (*IN EUROPE*) | | EN AMÉRIQUE (*IN AMERICA*) | |
| --- | --- | --- | --- |
| Belgium | **la Belgique** | Canada | **le Canada** |
| England | **l'Angleterre** (*f.*) | Quebec | **le Québec** |
| France | **la France** | Mexico | **le Mexique** |
| Germany | **l'Allemagne** (*f.*) | United States | **les États-Unis** (*m.*) |
| Italy | **l'Italie** (*f.*) | California | **la Californie** |
| Luxembourg | **le Luxembourg** | Colorado | **le Colorado** |
| Spain | **l'Espagne** (*f.*) | Florida | **la Floride** |
| Switzerland | **la Suisse** | New York | **l'État de New York** (*m.*) |

NOTEZ To express *in* a country or state, the preposition **en** is used before a feminine noun, as in **en France** (*in France*), the preposition **au/aux** is used before a masculine noun, as in **au Canada** and **aux États-Unis** (*in Canada* and *in the United States*).

**Que et qui connaissent-ils bien?** (*With what and with whom are they very familiar?*)  *Complete each sentence with its logical ending; there may be more than one right answer.*

1. _____ Il habite au Canada. Il connaît bien...          a.  la ville de Genève.

2. _____ Elle habite aux États-Unis. Elle connaît bien...   b.  la ville de Berlin.

3. _____ Il habite en Allemagne. Il connaît bien...        c.  la ville de Montréal.

4. _____ Elle habite en France. Elle connaît bien...       d.  la musique des mariachis.

5. _____ Il habite en Suisse. Il connaît bien...           e.  les acteurs de Hollywood.

6. _____ Elle habite au Québec. Elle connaît bien...       f.  l'art impressionniste.

7. _____ Ils habitent en Californie. Ils connaissent bien...  g.  les vins de Napa Valley.

8. _____ Ils habitent au Mexique. Ils connaissent bien...   h.  Key West.

9. _____ Ils habitent au Colorado. Ils connaissent bien...   i.  Toronto.

10. _____ Ils habitent en Floride. Ils connaissent bien...   j.  des stations de ski.

## Faits divers (*Fun facts*)

### Des tours intéressantes (*Interesting towers*)

- En France: La tour Eiffel, conçue par l'ingénieur Gustave Eiffel pour l'Exposition universelle de 1889 qui devait célébrer le centenaire de la Révolution française, continue d'être l'un des endroits les plus visités au monde: 249.976.000 visiteurs entre 1889 et 2009.

- En Allemagne: Approximativement 240 tours Bismarck ont été construites entre les années 1869 et 1934 pour honorer le chancelier impérial Otto von Bismarck.

- En Italie: La Tour de Pise, vieille de plus de 800 ans, défie les règles architecturales car elle penche à présent d'environ 3,90 m. par rapport à la verticale. Sans les appareils sophistiqués actuellement en place, elle s'inclinerait (*would lean*) de plus en plus en direction du sud chaque année.

- En Angleterre: La tour de Londres, un bâtiment sur la Tamise à Londres, a servi de forteresse, d'arsenal, de trésorerie, d'hôtel des Monnaies, de palais, de refuge, de prison et de lieu d'exécution.

# Savoir and connaître

## Using **savoir** and **connaître** (*to know*)

| | | |
|---|---|---|
| INFORMATION | Tu **sais** où j'habite. | *You know where I live.* |
| HOW TO DO SOMETHING | Tu **sais** jouer du piano. | *You know how to play the piano.* |
| PEOPLE | Tu **connais** des gens amusants. | *You know fun people.* |
| PLACES | Tu **connais** bien cette ville. | *You know this city well.* |
| DATES | Tu **connais** sa date de naissance. | *You know his/her date of birth.* |

**EXERCICE**
**39·1**

**Savoir ou connaître?** *Write the correct form of* **savoir** *or* **connaître** *in the space provided.*

1. Je _____ que tu es toujours en avance.

2. Je _____ tes cousins.

3. Tu ne _____ pas parler chinois.

4. Elle _____ tous les cafés du quartier.

5. Nous _____ bien écrire en français.

6. Vous _____ la serveuse?

7. Ils _____ faire de la luge.

8. Elles _____ quand l'avion va arriver.

EXERCICE
39·2

**Les conjugaisons: révision de conjugaisons irrégulières**

|  | JE/J' | TU | IL/ELLE/ON | NOUS | VOUS | ILS/ELLES |
|---|---|---|---|---|---|---|
| 1. savoir | | | | | | |
| 2. connaître | | | | | | |
| 3. être | | | | | | |
| 4. avoir | | | | | | |
| 5. faire | | | | | | |
| 6. aller | | | | | | |
| 7. vouloir | | | | | | |
| 8. pouvoir | | | | | | |
| 9. devoir | | | | | | |
| 10. écrire | | | | | | |
| 11. lire | | | | | | |
| 12. dire | | | | | | |

EXERCICE
39·3

**Oui ou non?** *Answer each question either in the affirmative or in the negative form.*

1. Tu sais nager? _____

2. Tu sais parler anglais? _____

3. Tu sais voler? _____

4. Tu connais les films *Star Trek*? _____

5. Tu connais la tragédie *Hamlet*? _____

6. Tu connais toutes les fables de La Fontaine? ___

**Vrai ou faux?**

1. _____ George Clooney ne sait pas jouer ses rôles.

2. _____ Le prince William connaît Buckingham Palace.

3. _____ Le président de la République française connaît le palais de l'Élysée.

4. _____ Beaucoup d'enfants connaissent l'histoire de Cendrillon.

5. _____ Une nouvelle élève ne sait pas toujours où est la bibliothèque.

6. _____ Un enfant de dix ans sait lire.

7. _____ Les historiens ne savent rien sur Napoléon Bonaparte.

8. _____ Nous savons la date de la fête de l'Indépendance américaine.

9. _____ Tout le monde sait la date de naissance de George Washington.

10. _____ Tous les Français savent jouer au rugby.

**Écrivez des phrases!**

1. They (*m.*) know where she is.

_____

2. I do not know the new teacher.

_____

3. My parents know the city of New York well.

_____

4. We know how to read in French.

_____

5. You (*fam.*) know many good restaurants.

_____

6. She does not know when the movie starts.

_____

7. I do not know how to play the piano.

_____

8. The students know many bookstores.

_____

# Using **de** and **à** plus noun Adverbs of negation

·40·

## Using **de/d'** + *noun*

| | | |
|---|---|---|
| POSSESSION | C'est la voiture **de** Chloé. | *It is Chloé's car (the car of Chloé).* |
| RELATIONSHIP | Marie est la fille **de** Paul. | *Marie is Paul's daughter (the daughter of Paul).* |
| COMPLEMENT OF NOUN | C'est une photo **de** Jacques. | *This is a photo of Jacques.* |
| FROM A PLACE | Elle arrive **de** France. | *She's arriving from France.* |
| FROM A PERSON | C'est un e-mail **de** mon copain. | *It is an e-mail from my friend.* |

NOTEZ    Remember to contract **de** with the definite articles **le** (**du**) and **les** (**des**).

### EXERCICE
### 40·1

**Vrai ou faux?**

1. _____ La fille de ma sœur est ma cousine.

2. _____ La Maison Blanche est la résidence des présidents et des vice-présidents américains.

3. _____ L'uniforme de l'agent de police est marron aux États-Unis.

4. _____ Beaucoup d'enfants connaissent l'histoire du Petit Chaperon Rouge.

5. _____ Les étudiants qui viennent d'un pays étranger ont un visa.

6. _____ Le titre de ce livre est *Basic French*.

### EXERCICE
### 40·2

**Traduisez les expressions!**

1. my brother's car _____

2. my friend's parents _____

3. the teacher's book _____

4. the title of the poem _____

5. from Italy           _____

6. from the swimming pool     _____

## Using à + *noun*

| | | |
|---|---|---|
| POSSESSION | Cet iPod est **à** ma soeur. | *This iPod belongs to my sister.* |
| CHARACTERIZATION | C'est une glace **à** la vanille. | *This is (a) vanilla ice-cream.* |
| USE | C'est une cuillère **à** soupe. | *This is a soup spoon.* |
| TO A PLACE | Je vais **à** l'école. | *I go to school.* |
| TO A PERSON | Je donne un cadeau **à** Suzie. | *I give a gift to Suzie.* |

NOTEZ   Remember to contract **à** with **le** (**au**) and with **les** (**aux**) and to use **en** or **au/aux** to express *to a country/state.*

---

VOCABULAIRE

### Ustensiles de cuisine (*Kitchen utensils*)

| a glass | **un verre** | a knife | **un couteau** | a spoon | **une cuillère** |
|---|---|---|---|---|---|

---

EXERCICE
### 40·3

**Vrai ou faux?**

1. _____ Il faut une cuillère à soupe pour manger de la soupe à l'oignon.

2. _____ Il faut des verres à eau sur la table pour les gens qui ne boivent pas de vin.

3. _____ Il faut dire au revoir quand on arrive chez des amis.

4. _____ Il faut des cuillères à café pour manger l'omelette aux champignons.

5. _____ Il faut acheter des billets de cinéma quand on vient du cinéma.

6. _____ Il faut donner un cadeau à sa mère pour la fête des Pères.

EXERCICE
### 40·4

**Traduisez les expressions!**

1. a coffee spoon _____

2. a wine glass _____

3. a chocolate cake _____

4. a cheese omelet _____

5. to the post office _____

6. to the teacher _____

# Adverbs of negation: **rien** (*nothing*), **jamais** (*never*), **plus** (*no longer*), **personne** (*no one*)

| PATTERN | SUBJECT + **NE** + VERB + NEGATIVE ADVERB | |
| --- | --- | --- |
| **rien** | Elle **ne** sait **rien**. | *She knows nothing. / She does not know anything.* |
| **jamais** | Elle **ne** crie **jamais**. | *She never yells.* |
| **plus** | Elle **ne** chante **plus**. | *She no longer sings. / She does not sing anymore.* |
| **personne** | Elle **ne** cherche **personne**. | *She looks for no one. / She's not looking for anyone.* |

**EXERCICE 40·5**

**Écrivez des phrases!**

1. I never eat in the morning.

_____

2. You (*fam.*) do not play anymore.

_____

3. He says nothing.

_____

4. We do not want anything.

_____

5. You (*pl.*) do not write anymore.

_____

6. They want nothing.

_____

**Qui est-ce?** (*Who is it [person or animal]?*)   *Match the description with the person or animal.*

1. _____ Il ne compose plus de musique.

2. _____ Il ne fait rien en hiver.

3. _____ Il n'invite ni n'aime personne.

4. _____ Il ne sort jamais de l'eau.

5. _____ Il n'existe plus sur terre.

a.   le poisson

b.   le dinosaure

c.   Mozart

d.   l'ermite

e.   l'ours

# Leçons 36–40

**EXERCICE**

**R8·1**

**Trouvez la bonne réplique. (***Find the correct reply***.)** *Match the answer with the question.*

1. _____ Tu achètes cette télévision?
2. _____ Tu dois faire ce travail.
3. _____ Patrick et Marco sont tes meilleurs amis.
4. _____ Elle est prête, l'omelette?
5. _____ C'est Sophie, ta copine?
6. _____ Ton ordinateur ne marche pas très bien.

a. Oui, je les invite souvent.
b. Je sais, je dois le réparer.
c. Oui, je l'adore.
d. Oui, je la ramène chez moi aujourd'hui.
e. Oui, tu peux la manger!
f. Je sais; je vais le commencer maintenant.

**EXERCICE**

**R8·2**

**Vrai ou faux?**

1. _____ On n'offre jamais de fleurs ou de chocolats pour la Saint-Valentin.
2. _____ Un homme offre quelquefois une bague à sa fiancée.
3. _____ On achète un collier à la boulangerie.
4. _____ Les enfants ne savent rien jouer.
5. _____ Les Français n'ont plus de roi (*king*).
6. _____ Avec l'invention de la télévision, on ne lit plus.
7. _____ On ne voit personne au stade quand il y a un match.
8. _____ Les Parisiens connaissent le Louvre.

**EXERCICE**
**R8·3**

**En France, au Canada ou aux États-Unis?** *Mark the country known for this characteristic.*

|  | EN FRANCE | AU CANADA | AUX ÉTATS-UNIS |
|---|---|---|---|
| 1. Il y a la ville de Québec. | _____ | _____ | _____ |
| 2. Les universités ont des équipes de football. | _____ | _____ | _____ |
| 3. Il y a deux langues officielles. | _____ | _____ | _____ |
| 4. On fête le 14 juillet. | _____ | _____ | _____ |
| 5. Il y a cinquante états. | _____ | _____ | _____ |
| 6. Le hockey est le sport national. | _____ | _____ | _____ |
| 7. On mange de la baguette tous les jours. | _____ | _____ | _____ |
| 8. Il y a plusieurs cafés dans chaque quartier. | _____ | _____ | _____ |

**EXERCICE**
**R8·4**

**Savoir ou connaître? Lequel est-ce?** *Complete each sentence with the correct form of* **savoir** *or* **connaître**.

1. Je _____ les présidents américains.

2. Tu ne _____ pas ton sénateur.

3. Elle _____ que Versailles est en France.

4. Nous _____ qu'il y a des espèces d'animaux en danger.

5. Vous _____ un excellent restaurant italien?

6. Ils _____ où est la statue de la Liberté.

**EXERCICE**
**R8·5**

**Traduisez les phrases!**

1. I prefer Colette's gift.

_____

2. She has a new necklace; she likes it.

_____

3. You (*pl.*) know how to make a cheese omelet.

_____

4. He knows no one in this city.

_____

5. This is John's brother.

_____

6. We do nothing on Sundays.

_____

7. They (*f.*) do not go to this library anymore.

_____

8. You (*fam.*) write an e-mail to your uncle.

_____

## Grammar

## Vocabulary

## Fun facts

# Irregular -ir verbs: sentir, sortir, partir, dormir
# Adverbial phrases

·41·

**Des adverbes et des locutions adverbiales** (*Adverbs and adverbial phrases*)

| | | | | |
|---|---|---|---|---|
| all the time | **tout le temps** | | rarely | **rarement** |
| almost | **presque** | | sometimes | **quelquefois** |
| from time to time | **de temps en temps** | | together | **ensemble** |

## Conjugation of **sortir**, **partir**, and **dormir**

**sentir** (*to smell*), **sortir** (*to go out*), **partir** (*to leave*), and **dormir** (*to sleep*)

| | | | |
|---|---|---|---|
| je | sens-sors-pars-dors | nous | sentons-sortons-partons-dormons |
| tu | sens-sors-pars-dors | vous | sentez-sortez-partez-dormez |
| il | sent-sort-part-dort | ils | sentent-sortent-partent-dorment |
| elle | sent-sort-part-dort | elles | sentent-sortent-partent-dorment |

**EXERCICE**
**41·1**

**Vrai ou faux?**

1. _____ Le parfum sent presque toujours mauvais.

2. _____ Les touristes partent en voyage.

3. _____ Les acteurs ne sortent jamais avec leur famille.

4. _____ Les garçons et les filles sortent quelquefois ensemble.

5. _____ Les chats dorment rarement.

6. _____ Quand je prends un bain, je sens bon.

7. _____ De temps en temps, mon alligator dort sur mon lit.

8. _____ Ma grand-mère part tout le temps sur la lune (*moon*).

9. _____ Le skieur dort sur ses skis.

10. _____ Les ordures (*garbage*) sentent vraiment bon.

## EXERCICE 41·2

**Écrivez des phrases!**

1. I like to go out with my friends.

_____

2. You (*fam.*) rarely leave.

_____

3. He almost always sleeps at home.

_____

4. A skunk (**un putois**) can smell bad.

_____

5. You (all) leave together.

_____

6. They go out to the restaurant from time to time.

_____

7. (The) flowers smell good.

_____

8. We never go out during the week.

_____


## EXERCICE 41·3

**Où et comment?** (*Where and how?*)   *Find the logical ending for each sentence.*

1. _____ Mon père sort...          a.   mauvais.

2. _____ Le bébé dort...          b.   en voiture.

3. _____ Les adolescents sortent souvent...          c.   vers le chaud.

4. _____ La rose fraîche sent...          d.   dans un vaisseau spatial.

5. _____ Les singes dorment…          e.   bon.

6. _____ Les oiseaux partent…          f.   au cinéma.

7. _____ L'astronaute part…          g.   dans les arbres.

8. _____ Les vieux fromages sentent...          h.   dans un petit lit.

# Reflexive pronouns
# Reflexive verbs
# Parts of the body
# Feelings

## Reflexive pronouns

| | |
|---|---|
| me/m' | nous |
| te/t' | vous |
| se/s' | se |

## Conjugation of reflexive verbs

**s'appeler** *to call oneself / to be named*

| je | m' | appelle | nous | nous | appelons |
|---|---|---|---|---|---|
| tu | t' | appelles | vous | vous | appelez |
| il | s' | appelle | ils | s' | appellent |
| elle | s' | appelle | elles | s' | appellent |

---

### VOCABULAIRE

## Quelques verbes réfléchis (A few reflexive verbs)

| | | | |
|---|---|---|---|
| to apply make-up | **se maquiller** | to get up | **se lever** |
| to be named / call oneself | **s'appeler** | to go for a walk | **se promener** |
| to comb one's hair | **se peigner (les cheveux)** | to go to bed / lie down | **se coucher** |
| to dry oneself | **se sécher** | to hurry (to) | **se dépêcher (de)** |
| to fall asleep | **s'endormir** | to look at oneself / one another) | **se regarder** |
| to feel | **se sentir** | to shave (oneself) | **se raser** |
| to get dressed | **s'habiller** | to tan | **se bronzer** |
| to get mad/angry | **se fâcher** | to wake up | **se réveiller** |
| to get married (to) | **se marier (avec)** | to wash oneself | **se laver** |

NOTEZ Remember that the verbs **lever** and **promener** have a stem change (e→è); the verb **sécher** has a stem change (é→è); and that **sentir** and **endormir** have irregular conjugations based on the pattern of **sortir** and **dormir**.

**Conjuguez!** *Conjugate the following verbs in their reflexive forms.*

| | JE | TU | IL/ELLE | NOUS | VOUS | ILS/ELLES |
|---|---|---|---|---|---|---|
| 1. se lever | | | | | | |
| 2. s'habiller | | | | | | |
| 3. se peigner | | | | | | |
| 4. se coucher | | | | | | |
| 5. se raser | | | | | | |
| 6. se sentir | | | | | | |
| 7. se sécher | | | | | | |
| 8. se bronzer | | | | | | |

**Traduisez!**

1. I get up at 6:30.

_____

2. You (*fam.*) get dressed right away.

_____

3. He combs (his hair) in the bathroom.

_____

4. We go to bed at 10.

_____

5. You (*pl.*) shave in the shower.

_____

6. They (*m.*) feel good today.

_____

7. Her name is Véronique.

_____

8. We dress very chic.

_____

## Les parties du corps (Parts of the body)

| | | | |
|---|---|---|---|
| the beard | **la barbe** | the hand | **la main** |
| the ear | **l'oreille** (*f.*) | the leg | **la jambe** |
| the face | **la figure** | the mustache | **la moustache** |
| the hair | **les cheveux** (*m.*) | the tooth | **la dent** |

NOTEZ Remember to use definite articles with parts of the body in a sentence with reflexive verbs:
**Il se rase *la* moustache** *He shaves his mustache.*

### EXERCICE 42·3

**Écrivez!**

Every morning I wake up at six o'clock. I get up quickly and wash my face and my hands.
Sometimes I wash my hair in the shower and then I dry myself. I always brush my teeth and
comb my hair. After breakfast, I hurry to take the bus. In the evening I go to bed at 10:30
and I almost always fall asleep right away.

_____

_____

_____

_____

### EXERCICE 42·4

**Qu'est-ce qui est raisonnable et qu'est-ce qui ne l'est pas?** (*What is
reasonable and what is not?*) Write **Oui** or **Non**.

1. _____ Un homme se rase quelquefois la barbe.

2. _____ Les femmes se maquillent les mains.

3. _____ Les hommes et les femmes se lavent souvent les mains.

4. _____ Nous nous peignons toujours les oreilles.

5. _____ Nous nous promenons dans la forêt toute la nuit.

6. _____ Quand ils ont deux mois, les enfants se lèvent déjà la nuit.

7. _____ Je me bronze au soleil sur une plage de Martinique.

8. _____ Tu te brosses les dents après le dîner.

9. _____ Ma copine se regarde dans le mur de la salle de bains.

10. _____ Les fiancés se marient à l'église aujourd'hui.

## Comment je me sens? (*How do I feel?*)

| | | | |
|---|---|---|---|
| badly | **mal** | really well (good) | **super bien** |
| energetic | **énergique** | sad | **triste** |
| fit, energetic | **en forme** | so-so | **comme ci comme ça** |
| not bad | **pas mal** | tired | **fatigué(e)** |
| pretty well | **assez bien** | well (good) | **bien** |

**Traduisez!**

1. I feel so-so this morning.

_____

2. Do you (*fam.*) feel very tired?

_____

3. He feels really well/good.

_____

4. We feel energetic.

_____

5. You (*pl.*) feel sad.

_____

6. They (*f.*) feel good.

_____

# Reflexive -er verbs
# Toiletries

## Conjugation of reflexive -er verbs

**se laver** *to wash oneself*

| | | | |
|---|---|---|---|
| je | me lave | nous | nous lavons |
| tu | te aves | vous | vous lavez |
| il | se lave | ils | se lavent |
| elle | se lave | elles | se lavent |
| on | se lave | | |

---

**VOCABULAIRE**

### Les articles de toilette (Toiletries)

| | | | |
|---|---|---|---|
| brush | **la brosse** | mirror | **le miroir** |
| comb | **le peigne** | razor | **le rasoir** |
| conditioner | **l'adoucissant** (*m.*) | shampoo | **le shampooing** |
| dental floss | **le fil dentaire** | soap | **le savon** |
| lipstick | **le rouge à lèvres** | toothbrush | **la brosse à dents** |
| make-up | **le maquillage** | toothpaste | **le dentifrice** |
| mascara | **le mascara** | towel | **la serviette** |

---

**EXERCICE**

**43·1**

### Vrai ou faux?

1. _____ Je me sèche avec le rouge à lèvres.

2. _____ Elle se lave avec du savon.

3. _____ Nous nous brossons les cheveux avec la brosse à dents.

4. _____ Je me rase les jambes avec le rasoir.

5. _____ Ils se lavent les mains avec l'adoucissant.

6. _____ Vous vous maquillez les yeux avec du mascara.

7. _____ Tu te brosses les dents avec le dentifrice et la brosse.

8. _____ On se sèche les cheveux avec la serviette.

**Écrivez des phrases!**

1. This mascara is black.

_____

2. Anne and John do not like my conditioner.

_____

3. My brother's toothbrush is here.

_____

4. The dental floss is in the bathroom.

_____

5. Where are the comb and the brush?

_____

6. Michel has a new razor.

_____

**Que fait-on avec ces choses?** (*What do we do with these things?*)  *Write a complete sentence stating what each person does with this item.*

1. Jean-Paul a une brosse à dents.

_____

2. Marie a un peigne.

_____

3. Ma mère a du rimmel (*mascara*).

_____

4. Mon frère a la serviette.

_____

5. J'ai le savon.

_____

6. Tu as le shampooing.

_____

7. Papa a le rasoir.

_____

8. Maman a un nouveau tailleur.

_____

## Faits divers (*Fun facts*)

### Comment utiliser le mot toilette (*How to use the word* **toilette)**

Le matin, quand nous faisons notre *toilette* devant la *toilette*, nous nous parfumons avec de l'eau de *toilette*. Ensuite nous mettons une belle *toilette* pour sortir. (*In the morning when we groom ourselves in front of the dresser, we put perfume on. Then we put on a beautiful outfit to go out.*)

# Venir
# Se souvenir
# The object pronoun en

## Conjugation of venir

**venir** *to come*

| je | viens | nous | venons |
|----|-------|------|--------|
| tu | viens | vous | venez |
| il | vient | ils | viennent |
| elle | vient | elles | viennent |
| on | vient | | |

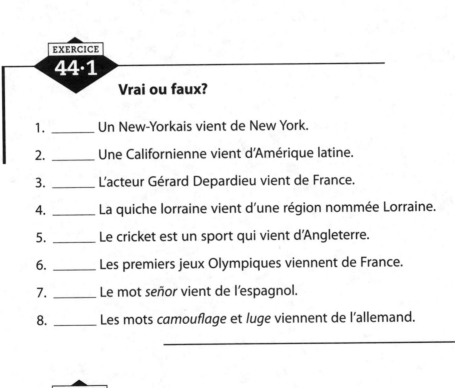

**EXERCICE**
**44·1**

### Vrai ou faux?

1. _____ Un New-Yorkais vient de New York.

2. _____ Une Californienne vient d'Amérique latine.

3. _____ L'acteur Gérard Depardieu vient de France.

4. _____ La quiche lorraine vient d'une région nommée Lorraine.

5. _____ Le cricket est un sport qui vient d'Angleterre.

6. _____ Les premiers jeux Olympiques viennent de France.

7. _____ Le mot *señor* vient de l'espagnol.

8. _____ Les mots *camouflage* et *luge* viennent de l'allemand.

**EXERCICE**
**44·2**

### Écrivez des phrases!

1. My friend Pierre comes from France.

_____

2. You (*fam.*) sometimes come late.

_____

3. He comes to school every day.

_____

4. We come from the United States.

_____

5. You (*pl.*) do not come from England.

_____

6. The girls arrive (= come) together.

_____

# Conjugation of se souvenir

**se souvenir** *to remember*

| je | me souviens | nous | nous souvenons |
|----|-------------|------|----------------|
| tu | te souviens | vous | vous souvenez |
| il | se souvient | ils | se souviennent |
| elle | se souvient | elles | se souviennent |
| on | se souvient | | |

### EXERCICE 44·3

**De quoi est-ce qu'ils se souviennent?** (*What do they remember?*)  *Find the logical ending for each sentence.*

1. _____ Moi, je me souviens...

2. _____ Les Québécois se souviennent...

3. _____ Mes grands-parents se souviennent...

4. _____ Les jeunes étudiants se souviennent...

5. _____ Elle se souvient bien...

6. _____ Vous vous souvenez...

a. de son film préféré

b. des examens difficiles.

c. de vos activités de l'été dernier.

d. de leurs origines européennes.

e. de mes vacances avec toi à Tahiti.

f. de leur jeunesse.

# Indirect object pronoun en

**en = de France:**
Tu viens de France? —Oui, j'**en** viens.

*Do you come from France? —Yes, I do come from there).*

**en = d'amis:**
Tu as beaucoup d'amis? —Oui, j'**en** ai beaucoup.

*Do you have many friends? —Yes, I do (have many of them).*

**en** = du fromage, de la glace, de l'eau:

Tu veux du fromage, de la glace, de l'eau?
—Oui, j'**en** veux.

*Do you want cheese, ice cream, water? —*
*Yes, I do (want some of it).*

**en** = de sortir:

Tu as envie de sortir? —Oui, j'**en** ai envie.

*Do you feel like going out? —Yes, I do*
*(feel like doing it).*

EXERCICE

**44·4**

**Quelle est la bonne réponse?** (*What is the right answer?*)

1. _____ Vous venez des États-Unis, Madame?

2. _____ Il arrive de l'école à trois heures?

3. _____ Vous avez envie d'aller au cinéma?

4. _____ Est-ce que les enfants ont envie de manger?

5. _____ Cherchez-vous des pommes?

6. _____ Est-ce qu'elle voudrait de la limonade?

a. Oui, j'en cherche. J'adore les fruits.

b. Oui, elle en veut. Elle a soif.

c. Je crois qu'ils en ont envie. Il est midi.

d. Oui, j'en viens.

e. Nous en avons très envie. Il y a un bon film?

f. Non, il en retourne à quatre heures.

EXERCICE

**44·5**

**Répondez à la question.** *Answer each question using the pronoun **en** and expressing Yes, I do.*

1. Tu veux du soda? —Oui, j'_____

2. Tu as envie de jouer au tennis? —Oui, j'_____

3. Tu te souviens de ce film? —Oui, je _____

4. Tu as beaucoup de bonnes notes? —Oui, j'_____

5. Tu arrives d'Afrique? —Oui, j'_____

6. Tu viens du Luxembourg? —Oui, j'_____

**Écrivez des questions et des réponses.** (*Write questions and answers.*) *Use* **est-ce que** *for each question.*

1. Does he want some water? —Yes, he does.

_____

2. Does she come from Canada? —Yes, she does.

_____

3. Does he feel like singing? —Yes, he does.

_____

4. Does she want some bananas? —Yes, she does.

_____

5. Do you (*fam.*) remember this book? —Yes, I do.

_____

6. Do you (*pl.*) remember your grades? —Yes, we do.

_____

## Faits divers (*Fun facts*)

### Les fromages français (*French cheeses*)

En France, le fromage se mange au déjeuner et au dîner avec du pain et souvent avec du vin. Il existe des centaines de variétés de fromage. Généralement ils sont faits avec du lait de vache mais quelquefois ils sont faits avec du lait de brebis ou de chèvre. Quelques exemples de fromage bien connus sont le gruyère, le camembert, le roblochon et le roquefort. Le camembert vient de la province de Normandie, le roblochon vient de Savoie. Le roquefort vient d'une petite ville qui s'appelle Roquefort-sur-Soulzon. Notez que le gruyère vient de Suisse.

# Offrir
## Personal object pronouns: me, te, nous, vous, lui, leur

·45·

## Conjugation of **offrir**

**offrir** *to give, to offer*

| | | | |
|---|---|---|---|
| j' | offre | nous | offrons |
| tu | offres | vous | offrez |
| il | offre | ils | offrent |
| elle | offre | elles | offrent |
| on | offre | | |

EXERCICE
**45·1**

**Est-ce raisonnable ou non?**  *Write* **Oui** *or* **Non**.

1. _____ J'offre du parfum à ma copine.

2. _____ Mes parents offrent une bouteille de vin à leurs amis.

3. _____ Vous offrez une voiture à votre professeur.

4. _____ Le pâtissier offre un petit gâteau à mon petit frère.

5. _____ Tu offres un vélo à ton épicier.

6. _____ Maman offre une cravate à papa.

7. _____ Le pilote offre un billet d'avion à un passager.

8. _____ Nous offrons mille dollars à notre banque.

EXERCICE
**45·2**

**Écrivez des phrases!**

1. He offers (some) flowers to his mother.

_____

2. I offer a necklace to my sister.

_____

3. We offer a dog to our brother.

_____

4. Your (*fam.*) parents offer a new bicycle to your sister.

_____

5. You (*pl.*) offer us tickets for the movies.

_____

# Personal object pronouns

| DIRECT OR INDIRECT OBJECTS | | | | INDIRECT OBJECTS | |
|---|---|---|---|---|---|
| me | *me / to me* | nous | *us / to us* | lui | *to him / to her* |
| te | *you / to you* | vous | *you / to you* | leur | *to them* |

**Direct ou indirect?** *For each English sentence below, identify the direct and indirect objects, and write them in the appropriate column. The objects can be either nouns or pronouns.*

|  | DIRECT OBJECT | INDIRECT OBJECT |
|---|---|---|
| 1. I give the paper to him. | _____ | _____ |
| 2. You give me a good grade. | _____ | _____ |
| 3. They offer her a bracelet. | _____ | _____ |
| 4. We send you an e-mail. | _____ | _____ |
| 5. He offers me a gift for my birthday. | _____ | _____ |
| 6. You ask us many questions. | _____ | _____ |
| 7. You speak to him. | _____ | _____ |
| 8. He gives them five dollars. | _____ | _____ |

**Traduisez!**

1. She gives me a ring.

_____

2. You (*pl.*) offer him this gift.

_____

3. They speak to us.

_____

4. We offer you (*fam.*) this card.

_____

5. He offers her a bouquet.

_____

6. I ask them many questions.

_____

# Leçons 41–45

## EXERCICE
## R9·1

**Vrai ou faux?**

1. _____ Quand on est malade et fatigué, on se sent bien.

2. _____ Quand on se lève le matin, on se lave et on se brosse les dents.

3. _____ Après une longue journée de travail, on a envie de se coucher et de dormir.

4. _____ Un vieux chou-fleur sent très bon.

5. _____ Le week-end, les jeunes sortent de temps en temps au cinéma.

6. _____ Les hommes se maquillent tous les jours quand ils sortent.

7. _____ Beaucoup de gens partent en vacances en été.

8. _____ Les touristes achètent des choses pour se souvenir de leurs voyages.

9. _____ Quand on vient dîner au restaurant ensemble, on en part ensemble.

10. _____ On se sèche les mains avec le savon.

## EXERCICE
## R9·2

*Trouvez la réponse à chaque question.*

1. _____ Nous sommes étudiants.

2. _____ Quel est ce parfum?

3. _____ Comment s'appelle la nouvelle élève?

4. _____ Elle est française?

a. Oui, j'ai un examen ce matin.

b. Son copain attend devant la maison.

c. Oui, généralement huit heures.

d. Pas mal, merci.

5. _____ Tu pars déjà à l'école?

6. _____ Tu dors beaucoup la nuit?

7. _____ Comment est-ce que tu te sens aujourd'hui?

8. _____ Pourquoi est-ce que Marie se dépêche?

e. Nous venons de l'université.

f. Je pense que c'est Claire.

g. C'est un Dior. Il sent vraiment bon.

h. Non, elle est suisse.

**Complétez avec le pronom réfléchi ou complément d'objet approprié.** *Complete the following paragraph with the appropriate reflexive or object pronouns.*

Le matin, je 1. _____ réveille, je 2. _____ lave et je 3. _____ habille. Tu 4. _____ dépêches quand tu es en retard et tu 5. _____ fâches quand je reste trop longtemps dans la salle de bains. Maman 6. _____ appelle toutes les deux quand c'est l'heure de partir. Nous 7. _____ brossons les dents et les cheveux et nous sortons prendre le bus. Papa et maman 8. _____ disent au revoir et vont au travail. Le soir nous 9. _____ couchons et nous 10. _____ endormons vers onze heures.

**Répondez oui à chaque question.** *Answer the question affirmatively, and replace the noun-phrase in italics with a pronoun.*

EXEMPLE: Tu achètes un cadeau *à ton copain*?     *Oui, je lui achète un petit cadeau.*

1. Tu donnes une carte *à ta copine*?

   _____

2. Tu parles souvent *à tes cousins*?

   _____

3. Tes professeurs parlent *à ton père*?

   _____

4. Ton boulanger offre des gâteaux *à ses clients*?

   _____

5. Ta sœur arrive *de Paris*?

_____

6. Tu te souviens *de cette conjugaison*?

_____

**EXERCICE**
**R9·5**

**Répondez affirmativement à chaque question.** *Be sure to use the appropriate pronoun in your answer.*

EXEMPLE: Elle *te* donne une rose?  *Oui, elle me donne une rose.*

1. Tu *me* fais la bise, chéri?

_____

2. Tu *nous* montres ton nouveau pull?

_____

3. Tu *nous* offres un café?

_____

4. Tes parents *te* téléphonent souvent?

_____

## Grammar

## Vocabulary

## Fun facts

# The family of prendre
# Languages
# Stress pronouns
# Prepositional phrases

## 46

## Conjugation of **prendre, apprendre, and comprendre**

**prendre** *to take, to have*

| je | prends | nous | prenons |
|----|--------|------|---------|
| tu | prends | vous | prenez |
| il | prend | ils | prennent |
| elle | prend | elles | prennent |
| on | prend | | |

NOTEZ The verbs **apprendre** (*to learn*) and **comprendre** (*to understand*) are conjugated according to the same model as the verb **prendre** (*to take/have*).

EXERCICE
46·1

**Est-ce probable ou non?** (*Is this probable or not?*) *Write* **Oui** *or* **Non**.

1. _____ Tu prends un croissant au dîner.

2. _____ On prend son livre quand on va au lycée.

3. _____ Les élèves prennent de la bière au petit déjeuner.

4. _____ Les parents apprennent à lire.

5. _____ Les professeurs prennent l'argent des élèves.

6. _____ Nous prenons un kilo de jambon à la charcuterie.

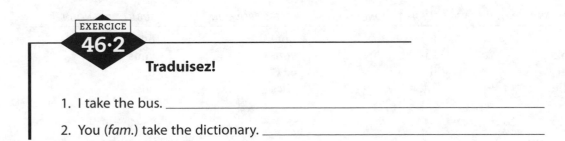

EXERCICE
46·2

**Traduisez!**

1. I take the bus. _____

2. You (*fam.*) take the dictionary. _____

3. He takes the train. _____

4. We take the plane. _____

5. You (all) take your coats. _____

6. They (f.) take their books. _____

---

**VOCABULAIRE**

## Les langues (*Languages*)

| | | | |
|---|---|---|---|
| Chinese | **le chinois** | Italian | **l'italien** (*m.*) |
| English | **l'anglais** (*m.*) | Japanese | **le japonais** |
| French | **le français** | Spanish | **l'espagnol** (*m.*) |
| German | **l'allemand** (*m.*) | Wolof | **le wolof** |

---

**EXERCICE**

**46·3**

**Vrai ou faux?**

1. _____ Je veux habiter en Allemagne. Alors, je dois apprendre l'allemand.

2. _____ Pour communiquer avec les Anglais, il faut apprendre le français.

3. _____ Il faut prendre le vélo pour faire une croisière sur la Seine.

4. _____ Nous prenons l'avion pour aller au Mexique.

5. _____ Nous comprenons tous le wolof.

6. _____ Les Suisses comprennent généralement trois ou quatre langues.

7. _____ Les touristes prennent beaucoup de photos.

8. _____ Si tu habites à Paris, tu prends souvent le métro.

# Stress pronouns

| STRESS PRONOUN | SUBJECT PRONOUN | STRESS PRONOUN | SUBJECT PRONOUN |
|---|---|---|---|
| **moi** | je | **nous** | nous |
| **toi** | tu | **vous** | vous |
| **lui** | il | **eux** | ils |
| **elle** | elle | **elles** | elles |

**EXERCICE**

**46·4**

**Complétez chaque phrase avec le pronom approprié.** (*Add the appropriate pronouns to each sentence.*)

1. _____, il joue toujours au golf. _____, je préfère le tennis.

2. _____, nous partons tout de suite. _____, vous restez encore un peu.

3. _____, ils lisent les journaux tous les jours. Mais _____, nous regardons Internet.

4. _____, je voudrais aller à la plage. Mais _____, tu veux rester à la maison.

5. _____, tu adores les films d'aventure. _____, j'aime les comédies.

6. _____, elles prennent des médicaments. _____, ils n'en ont pas besoin.

7. _____, nous comprenons l'anglais. _____, vous comprenez le chinois.

8. _____, j'apprends le français. _____, tu apprends l'allemand.

---

**VOCABULAIRE**

## Prepositional phrases

| across from | **en face de** | next to | **à côté de** |
| far from | **loin de** | to the left of | **à gauche de** |
| near | **près de** | to the right of | **à droite de** |

---

**EXERCICE**

**46·5**

**Raisonnable ou absurde?** *Write* **R** *on the line when the statement is reasonable and* **A** *when it is absurd.*

1. _____ Dans une voiture française ou américaine, le passager est à gauche du conducteur.

2. _____ Mes livres sont sur l'étagère loin de moi.

3. _____ Il y a une lampe près de moi.

4. _____ Il y a des tigres en face de moi au café.

5. _____ J'ai un passager à côté de moi dans ma voiture.

6. _____ La tour Eiffel est à droite de l'Empire State Building.

# Near future
# Expressions of future time
# The pronoun y
# Prepositions

## 47

## Near future of **se laver** and **dormir**

| SE LAVER | TO WASH ONESELF | DORMIR | TO SLEEP |
|----------|-----------------|--------|----------|
| je vais | me laver | je vais | dormir |
| tu vas | te laver | tu vas | dormir |
| il va | se laver | il va | dormir |
| elle va | se laver | elle va | dormir |
| on va | se laver | on va | dormir |
| nous allons | nous laver | nous allons | dormir |
| vous allez | vous laver | vous allez | dormir |
| ils vont | se laver | ils vont | dormir |
| elles vont | se laver | elles vont | dormir |

---

**EXERCICE**
## 47·1

**Écrivez des phrases!**

1. I am going to sing a French song.

   _____

2. You (*fam.*) are going to give me your address.

   _____

3. She is going to sell her bike.

   _____

4. We are going to offer a gift to the teacher.

   _____

5. You (*pl.*) are going to finish this book today.

   _____

6. They are going to feel good.

   _____

## VOCABULAIRE

### Expressions pour le futur (*Expressions for future time*)

| | | | |
|---|---|---|---|
| in two days | **dans deux jours** | next week | **la semaine prochaine** |
| later | **plus tard** | next year | **l'année prochaine** |
| next month | **le mois prochain** | soon | **bientôt** |
| next summer | **l'été prochain** | tomorrow | **demain** |

---

### EXERCICE 47·2

**Trouvez la fin de la phrase.** (*Find the end of the sentence.*)

1. _____ J'ai faim. Je vais manger...
2. _____ Elle prend l'avion ce soir. Elle va rentrer de Paris...
3. _____ Nous allons passer le mois d'août en Martinique...
4. _____ Vous allez continuer en français...
5. _____ C'est dimanche. On va se voir en classe...
6. _____ C'est lundi. Tu arrives mercredi. Je vais te voir...

a. l'été prochain.
b. l'année prochaine.
c. bientôt.
d. dans onze heures, approximativement.
e. dans deux jours.
f. demain.

# The pronoun y

**y** = **à** + *thing* as in: Tu réponds à la question?—Oui, j'y réponds.

**y** = *prepositional phrase* indicating a location as in: En France? J'y suis.

*Do you answer the question? —Yes, I do (answer it).*

*In France? I am there.*

---

## VOCABULAIRE

### Les prépositions

| | | | |
|---|---|---|---|
| at/in | **à** | on | **sur** |
| in/inside | **dans** | under | **sous** |
| in/to (*masculine country*) | **au** | behind | **derrière** |
| in/to (*feminine country*) | **en** | in front of | **devant** |

NOTEZ Translate *in/to the United States* as **aux États-Unis.**

---

*Trouvez la réponse à chaque question. (Find the answer to each question.)*

1. _____ Elle va étudier aux États-Unis?

2. _____ Tu vas au supermarché aujourd'hui?

3. _____ Vous êtes à la maison?

4. _____ Ils nous attendent devant l'école?

5. _____ La voiture de Jean-Marc est derrière le café?

6. _____ Tes clés ne sont pas sous ce livre?

a.   Oui, elle y est. Je la vois.

b.   Si, regarde, elles y sont.

c.   Oui, nous y sommes depuis six heures.

d.   Non, j'y vais demain.

e.   Oui, elle y va en septembre.

f.   Oui, ils y sont déjà.

**Répondez à chaque question.**   *Answer each question, replacing the italicized part of the question with the pronoun* **y.**

1. Tu vas à l'école? —Oui, j' _____

2. Papa est déjà au lit? —Oui, il _____

3. L'élève répond à la question du prof? —Non, il _____

4. Les chats sont sous la table? —Oui, ils _____

5. Vous restez dans votre chambre? —Non, nous _____

6. Marie est devant Jacques? —Oui, elle _____

## Faits divers *(Fun facts)*

### Des endroits célèbres *(Famous places)*

♦ L'histoire du *Fantôme de l'opéra* a lieu sous le bâtiment de l'opéra de Paris.

♦ L'histoire de Quasimodo et d'Esméralda a lieu autour de la cathédrale et dans la cathédrale de Notre-Dame de Paris.

# Near past
# Expressions of past time

## Near past of **se lever** and **vendre**

| SE LEVER | TO GET UP | VENDRE | TO SELL |
|---|---|---|---|
| je viens de | me lever | je viens de | vendre |
| tu viens de | te lever | tu viens de | vendre |
| il vient de | se lever | il vient de | vendre |
| elle vient de | se lever | elle vient de | vendre |
| on vient de | se lever | on vient de | vendre |
| nous venons de | nous lever | nous venons de | vendre |
| vous venez de | vous lever | vous venez de | vendre |
| ils viennent de | se lever | ils viennent de | vendre |
| elles viennent de | se lever | elles viennent de | vendre |

NOTEZ   A verb in the *near past* is translated as something one *just* did.

---

**EXERCICE**
**48·1**

**Traduisez!**

1. I just spoke French.

   _____

2. You just read the paper.

   _____

3. She just dressed (herself).

   _____

4. We just watched a movie.

   _____

5. You (*pl.*) just took the train.

   _____

6. They just learned a new word (**mot** *m.*).

   _____

## Expressions pour le passé (*Expressions for past time*)

| | | | |
|---|---|---|---|
| an hour ago | **il y a une heure** | last night | **hier soir** |
| a week ago | **il y a une semaine** | yesterday | **hier** |
| a year ago | **il y a un an** | | |

### Écrivez des phrases!

1. My mother just arrived home an hour ago.

_____

2. I just started this exercise a minute ago.

_____

3. We just bought this house a year ago.

_____

4. My grandparents just left yesterday.

_____

5. You (*fam.*) just saw me last night.

_____

6. Our friends just telephoned a week ago.

_____

7. Sophia just got up fifteen minutes ago.

_____

8. We just washed ourselves.

_____

**Vrai ou faux?**

1. _____ Les extraterrestres viennent d'arriver.

2. _____ Nous venons d'écrire une phrase en chinois.

3. _____ On vient d'annoncer l'arrivée de l'avion.

4. _____ Le mécanicien vient de réparer un moteur.

5. _____ Le journaliste vient d'interviewer une célébrité.

6. _____ Le kangourou vient de se peigner.

7. _____ L'élève vient de finir beaucoup de devoirs.

8. _____ Tu viens d'apprendre le mot *bonjour* en japonais.

# ·49· Passé composé with avoir

## Conjugation of regular verbs in the passé composé with avoir

| ACHETER | TO BUY | FINIR | TO FINISH | VENDRE | TO SELL |
|---|---|---|---|---|---|
| j'ai | acheté | j'ai | fini | j'ai | vendu |
| tu as | acheté | tu as | fini | tu as | vendu |
| il a | acheté | il a | fini | il a | vendu |
| elle a | acheté | elle a | fini | elle a | vendu |
| on a | acheté | on a | fini | on a | vendu |
| nous avons | acheté | nous avons | fini | nous avons | vendu |
| vous avez | acheté | vous avez | fini | vous avez | vendu |
| ils ont | acheté | ils ont | fini | ils ont | vendu |
| elles ont | acheté | elles ont | fini | elles ont | vendu |

**EXERCICE**

**49·1**

### Traduisez!

1. I have spoken. _____

2. You have finished. _____

3. He has answered. _____

4. She has danced. _____

5. We have chosen. _____

6. You (*pl.*) have lost. _____

7. They (*m.*) have preferred. _____

8. They (*f.*) have looked. _____

**Qu'est-ce qui complète chaque phrase?** (*What completes each sentence?*) *Choose the logical completion for each sentence.*

1. _____ Hier j'_____ à un touriste français.

2. _____ Ce matin, ma classe _____ un examen

3. _____ Tous mes amis _____ leurs études.

4. _____ Vous _____ correctement. C'est bien!

5. _____ Jean-Luc _____ sa voiture.

6. _____ Toi, tu _____ ton point de vue.

a. a passé

b. ont fini

c. ai parlé

d. a choisi

e. as défendu

f. avez répondu

# Irregular past participles of verbs using avoir

| apprendre | **appris** | être | **été** |
| avoir | **eu** | lire | **lu** |
| comprendre | **compris** | pouvoir | **pu** |
| dire | **dit** | prendre | **pris** |
| écrire | **écrit** | vouloir | **voulu** |

**Vrai ou faux?**

1. _____ Bambi a compris que la forêt est dangereuse.

2. _____ L'éléphant Babar a écrit des livres.

3. _____ Pinocchio a eu la visite de Jiminy Cricket et de la fée bleue.

4. _____ La princesse Diana n'a pas eu de chance.

5. _____ Le Petit Chaperon Rouge n'a pas voulu rendre visite à sa grand-mère.

6. _____ Dennis the Menace a toujours été sage.

7. _____ Charles Schulz a créé la bande dessinée *Charlie Brown*.

8. _____ Spiderman a voulu détruire (*destroy*) le monde.

# Passé composé with être
# Vacation locales

## Conjugation of verbs in the passé composé with être

| ALLER | TO GO | VENIR | TO COME | NAÎTRE | TO BE BORN |
|---|---|---|---|---|---|
| je suis | allé(e) | je suis | venu(e) | je suis | né(e) |
| tu es | allé(e) | tu es | venu(e) | tu es | né(e) |
| il est | allé | il est | venu | il est | né |
| elle est | allée | elle est | venue | elle est | née |
| nous sommes | allé(s/es) | nous sommes | venus (s/es) | nous sommes | nés (es) |
| vous êtes | allé(e/s/es) | vous êtes | venu(e/s/es) | vous êtes | né(e/s/es) |
| ils sont | allés | ils sont | venus | ils sont | nés |
| elles sont | allées | elles sont | venues | elles sont | nées |

NOTEZ    Intransitive verbs of motion such as *to come* (**venir**) and *to go* (**aller**), as well as to *stay/remain* (**rester**), *to become* (**devenir**), *to be born* (**naître**), and *to die* (**mourir**) use the auxiliary verb **être** in the **passé composé**.

### EXERCICE
### 50·1

*Read the following short passage, then categorize the verbs in italics as* **être** *or* **avoir** *verbs by writing* **a** *or* **ê** *on the appropriate lines below.*

Hier soir, Martin 1. *est allé* à un concert de rock avec ses copains Christophe et Didier. Pierre 2. *est arrivé* à la salle des spectacles vers 16 heures. Il 3. *a acheté* trois tickets. Christophe et Didier 4. *sont arrivés* à 17 heures. Ils 5. *ont attendu* qu'on les laisse entrer. Ils 6. *ont trouvé* de très bonnes places au troisième rang juste devant la scène. Quelle chance! Pendant le concert, un chanteur excité 7. *est tombé* de la scène! Une ambulance 8. *est venue*. Mais les autres chanteurs 9. *ont continué* de chanter. Après un concert formidable, ils 10. *sont rentrés* chez eux en métro.

| (A) AVOIR VERBS | (Ê) ÊTRE VERBS |
|---|---|
| 1. _____ | _____ |
| 2. _____ | _____ |
| 3. _____ | _____ |
| 4. _____ | _____ |

|  | **(A) AVOIR** VERBS | **(Ê) ÊTRE** VERBS |
|---|---|---|
| 5. | _____ | _____ |
| 6. | _____ | _____ |
| 7. | _____ | _____ |
| 8. | _____ | _____ |
| 9. | _____ | _____ |
| 10. | _____ | _____ |

**EXERCICE 50·2**

**Traduisez!**

1. I (*m. or f.?*) went to the concert. (**aller**)

   _____

2. You (*fam., m.*) arrived. (**arriver**)

   _____

3. She returned home. (**rentrer**)

   _____

4. We (*boys and girls*) left. (**partir**)

   _____

5. You (*pl., f.*) stayed. (**rester**)

   _____

6. They (*m.*) came. (**venir**)

   _____

---

VOCABULAIRE

## Des endroits de vacances (*Vacation locales*)

| beach | **la plage** | countryside | **la campagne** |
|---|---|---|---|
| campground | **le terrain de camping** | mountain | **la montagne** |
| city | **la ville** | sea | **la mer** |

*Complétez les phrases avec la terminaison appropriée.*

1. _____ Pour nager, ils sont allés...

2. _____ Pour nous bronzer au soleil, nous sommes allés...

3. _____ Pour visiter les musées, ils sont allés...

4. _____ Pour faire du ski, nous sommes allés...

5. _____ Pour dormir dans une tente, sous les étoiles, ils sont allés...

6. _____ Pour nous promener et voir des animaux, nous sommes allés...

a. à la campagne.

b. à la montagne.

c. à la mer.

d. à la plage.

e. en ville.

f. au terrain de camping.

# Conjugation of reflexive verbs in the passé composé with être

| SE LAVER | TO WASH ONESELF | S'ENDORMIR | TO FALL ASLEEP |
|---|---|---|---|
| je me suis | lavé(e) | je me suis | endormi(e) |
| tu t'es | lavé(e) | tu t'es | endormi(e) |
| il s'est | lavé | il s'est | endormi |
| elle s'est | lavée | elle s'est | endormie |
| nous nous sommes | lavés (es) | nous nous sommes | endormis (es) |
| vous vous êtes | lavé(s/e/es) | vous vous êtes | endormi(e/s/es) |
| ils se sont | lavés | ils se sont | endormis |
| elles se sont | lavées | elles se sont | endormies |

NOTEZ    Remember *not* to add **-e/-s/-es** to the past participle of a reflexive verb followed by a *direct object* as in **Elle s'est** *lavé* **les cheveux** (where **se/s'** is the *indirect object* and **les cheveux** is the *direct object*).

**Qu'est-ce qu'ils ont fait avant de partir à l'école?** (*What did they do before leaving for school?*)    Use **ils** for the subject in each sentence.

1. (se réveiller) _____ à sept heures.

2. (se lever) _____ tout de suite.

3. (se laver) _____ la figure et les mains.

4. (s'habiller) _____ très vite.

5. (se fâcher) _____ parce que le bus était en retard.

6. (se dépêcher) _____ d'aller à l'école.

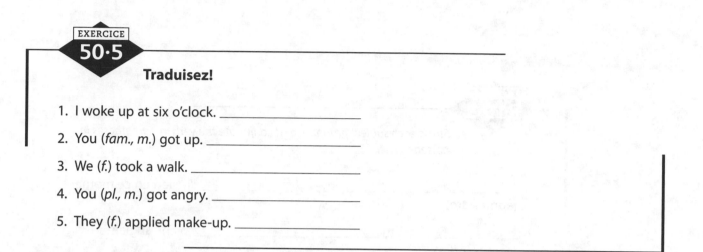

### EXERCICE 50·5

**Traduisez!**

1. I woke up at six o'clock. _____

2. You (*fam., m.*) got up. _____

3. We (*f.*) took a walk. _____

4. You (*pl., m.*) got angry. _____

5. They (*f.*) applied make-up. _____

## Faits divers (*Fun facts*)

### L'histoire de Blanche-Neige (*The story of Snow White*)

Blanche-Neige s'est perdue dans la grande forêt. Mais elle a rencontré sept petits nains qui l'ont invitée chez eux. Ils sont devenus très bons amis. Mais un jour une méchante sorcière—la belle-mère de Blanche-Neige—est venue et elle a donné une pomme empoisonnée à Blanche-Neige. La pauvre jeune fille est tombée raide morte. Elle est restée ainsi pendant quelque temps. Heureusement, un jour, un beau prince est arrivé. Il lui a donné un baiser et elle s'est réveillée. Le prince et Blanche-Neige sont tombés amoureux; ils se sont mariés et ils ont été très heureux.

# Leçons 46–50

**EXERCICE R10·1**

*Stress each subject pronoun, and conjugate the verb in parentheses in the present tense.*

1. _____, j' _____ l'italien en ce moment. (apprendre)

2. _____, tu _____ bien l'anglais. (comprendre)

3. _____, elle _____ le petit déjeuner ici. (prendre)

4. _____, j' _____ à skier en hiver. (apprendre)

5. _____, nous _____ le bus tous les jours. (prendre)

6. _____, vous _____ facilement les langues. (apprendre)

7. _____, ils _____ tout. (comprendre)

8. _____, elles _____ le vélo pour aller à l'école. (prendre)

**EXERCICE R10·2**

**Vrai ou faux?**

1. _____ Il y a trois McDonald en face de la Maison Blanche.

2. _____ La France est loin de la Chine.

3. _____ Il y a souvent un château au centre d'une ville américaine.

4. _____ Il y a un lion à côté de toi!

5. _____ On peut quelquefois tourner à droite au feu rouge (*red light*).

6. _____ Les passagers de l'autobus sont assis sous les sièges.

7. _____ Les campeurs dorment sur les tentes.

8. _____ Tu dois regarder devant toi quand tu conduis.

**EXERCICE**
**R10·3**

**Est-ce le passé ou le futur?** (*Is it the past or the future?*)

|  | (P) PASSÉ | (F) FUTUR |
|---|---|---|
| 1. Je viens d'avoir seize ans. | _____ | _____ |
| 2. Tu vas faire tes devoirs ce soir. | _____ | _____ |
| 3. Elle va choisir une profession bientôt. | _____ | _____ |
| 4. Nous venons d'arriver il y a deux minutes. | _____ | _____ |
| 5. Vous venez d'écrire cette lettre. | _____ | _____ |
| 6. Ils vont apprendre à jouer du piano. | _____ | _____ |

**EXERCICE**
**R10·4**

**Passé composé avec *avoir* ou avec *être*?** (*Past tense with **avoir** or with **être**?*)  *Select the correct verb form and fill in the blanks.*

1. Ginette _____ allée à la montagne.  (a/est)

2. Les enfants _____ mangé toute la tarte.  (ont/sont)

3. Josiane, tu _____ revenue du musée.  (as/es)

4. Nous _____ dansé pendant deux heures.  (avons/sommes)

5. Je/J' _____ offert une montre à papa.  (ai/suis)

6. Vous _____ retournés à la mer cette année?  (avez/êtes)

7. Tous mes copains _____ venus à ma fête d'anniversaire.  (ont/sont)

**L'ordre chronologique.** *Put Marc's actions in logical chronological order from the time he woke up until he fell asleep. Use the letters **A** through **H**.*

1. _____ Il s'est couché.

2. _____ Il s'est dépêché d'aller à l'école.

3. _____ Il s'est endormi.

4. _____ Il est arrivé en classe.

5. _____ Il s'est réveillé.

6. _____ Il s'est habillé.

7. _____ Il est rentré à la maison.

8. _____ Il s'est levé.

# Answer key

## I

**1·1**   1. le père   2. la mère   3. les parents   4. les pères   5. les mères   6. le garçon
7. la fille   8. les garçons   9. les filles   10. le fils   11. les filles   12. les frères
13. la grand-mère   14. les cousines   15. le petit-fils   16. la petite-fille
17. la nièce   18. le neveu   19. le beau-père   20. la belle-mère

**1·2**   1. c   2. d   3. f   4. e   5. a   6. g   7. f   8. b

**1·3**   1. Mon oncle Georges est le frère de ma mère.
2. Ta fille est ma cousine.
3. Mon grand-père est ton oncle.
4. Ma grand-mère est de France.
5. Ton frère est mon cousin.
6. Tes parents sont mes grands-parents.
7. Ta sœur est ma belle-mère.
8. Mon père est ton neveu.
9. Tes sœurs sont mes tantes.
10. Lili est la nièce de mon grand-père Julius.

**2·1**   1. une chambre à coucher   2. une maison   3. une cour   4. un jardin
5. une salle de bains   6. un W.C. / des toilettes   7. une douche   8. une entrée
9. un grenier   10. une cave   11. une cuisine   12. un salon   13. des chambres
à coucher   14. des placards   15. un couloir   16. un bureau   17. des fenêtres
18. des portes   19. un garage   20. des escaliers

**2·2**   1. c   2. f   3. h   4. b   5. e   6. g   7. a   8. d

**2·3**   1. Ma chambre a deux placards.
2. Votre cuisine a une fenêtre.
3. Ma maison n'a pas de grenier.
4. Le W.C. n'a pas de douche.
5. Ta cave a deux portes.
6. La maison a trois portes.
7. Ta maison a quatre escaliers.
8. Mon salon a un sofa.
9. Mon entrée a un chandelier.
10. Votre maison a cinq chambres à coucher.

**3·1**   1. J'ai un cheval.   2. Je n'ai pas d'éléphant.   3. J'ai deux canards.   4. Je n'ai pas de
serpent.   5. Je n'ai pas cinq chats.   6. Je veux un chien.   7. Je ne veux pas de souris.
8. Je veux des chats.   9. Je ne veux pas de cochon.   10. Je veux des poules.
11. Je n'ai pas de singes.   12. J'ai des lapins.

**3·2**   1. F   2. M   3. Z   4. F   5. F   6. M/Z/F   7. Z   8. F   9. F   10. M

**3·3**   1. Je ne veux pas de rat dans ma maison.
2. Je veux un chien dans ma cour.
3. Je ne veux pas le chat dans ma chambre à coucher.
4. J'ai un coq et trois poules.
5. Je n'ai pas de cheval dans ma cave.
6. Mon oncle a trois cochons dans sa ferme.

7. Mon fils a un serpent.

8. Il n'a pas de singe dans son placard.

**4·1**
1. Il y a deux tableaux dans la salle de classe.
2. Il n'y a pas de projecteur.
3. Il y a trois dictionnaires sur le bureau.
4. Il y a un feutre sur votre bureau.
5. Il n'y a pas de papier dans le cahier.
6. Il n'y a pas de lumière.
7. Il n'y a pas d'élèves/d'étudiants.
8. Il y a un devoir.
9. Il y a un sac à dos sur ma chaise.
10. Il y a cinq leçons dans le livre.

**4·2**
1. B   2. C   3. B   4. -   5. -   6. B   7. B   8. C   9. B   10. -

**4·3**
1. Ma salle de classe a un ordinateur et un projecteur.
2. Il y a dix stylos dans mon bureau.
3. Il y a neuf élèves/étudiants dans la salle de classe.
4. Je veux huit cahiers pour mes élèves/étudiants.
5. Je veux un manuel pour chaque élève/étudiant.
6. J'ai dix cahiers et huit livres avec des cartes.
7. Mais je n'ai pas de feutres pour le tableau.
8. Et il n'y a pas de règle.

**5·1**
1. je parle, tu parles, il/elle parle, nous parlons, vous parlez, ils/elles parlent
2. je chante, tu chantes, il/elle chante, nous chantons, vous chantez, ils/elles chantent
3. j'étudie, tu étudies, il/elle étudie, nous étudions, vous étudiez, ils/elles étudient
4. je regarde, tu regardes, il/elle regarde, nous regardons, vous regardez, ils/elles regardent
5. je donne, tu donnes, il/elle donne, nous donnons, vous donnez, ils/elles donnent
6. je porte, tu portes, il/elle porte, nous portons, vous portez, ils/elles portent
7. je travaille, tu travailles, il/elle travaille, nous travaillons, vous travaillez, ils/elles travaillent
8. je mange, tu manges, il/elle mange, nous mangeons, vous mangez, ils/elles mangent
9. je joue, tu joues, il/elle joue, nous jouons, vous jouez, ils/elles jouent
10. je paie, tu paies, il/elle paie, nous payons, vous payez, ils/elles paient

**5·2**
1. F   2. F   3. F   4. V   5. F   6. V   7. V   8. V   9. F   10. F

**5·3**
1. Nous jouons au tennis mais vous jouez au foot(ball).
2. Nous mangeons à la maison ou au restaurant.
3. Nous parlons français à la maison.
4. Mes parents regardent la télévision dans le salon.
5. Ils travaillent dans le bureau.
6. J'étudie dans ma chambre.
7. Et j'écoute mes CD.
8. Mais je ne trouve pas mes cahiers.

**5·4**
1. samedi/dimanche   2. lundi   3. vendredi   4. samedi   5. lundi, mardi, mercredi, jeudi, vendredi

**R1·1**
1. les garçons   2. les filles   3. la grand-mère   4. un frère   5. des chiens   6. la maison
7. les chambres à coucher   8. la cuisine   9. le chat   10. un devoir   11. des portes   12. le bureau
13. des livres   14. un dictionnaire   15. une leçon

**R1·2**
1. h   2. i   3. g   4. a   5. c   6. b   7. f   8. d   9. e   10. j

**R1·3**
1. Il n'y a pas   2. Il y a   3. Il y a   4. Il n'y a pas   5. Il n'y a pas   6. Il y a   7. Il y a
8. Il n'y a pas   9. Il y a   10. Il y a

**R1·4**
1. le mari   2. la femme   3. le fils   4. la sœur   5. famille   6. enfants

**R1·5**
1. je danse, tu danses, il/elle danse, nous dansons, vous dansez, ils/elles dansent
2. je parle, tu parles, il/elle parle, nous parlons, vous parlez, ils/elles parlent
3. je trouve, tu trouves, il/elle trouve, nous trouvons, vous trouvez, ils/elles trouvent
4. je travaille, tu travailles, il/elle travaille, nous travaillons, vous travaillez, ils/elles travaillent
5. je chante, tu chantes, il/elle chante, nous chantons, vous chantez, ils/elles chantent

**R1·6**
1. Cinderella = Cendrillon   2. Little Red Riding Hood = Petit Chaperon Rouge   3. Gretel = souvent « Margot », en français

**R1·7**
1. S   2. É   3. S   4. É   5. É   6. S   7. É   8. S   9. S   10. É

 1. J'étudie pour l'école chaque jour.
 2. J'ai un cours de français le lundi et le mercredi.
 3. Mes parents paient mon papier, mes cahiers, mes stylos et mes crayons.
 4. Les étudiants/élèves regardent Tintin le vendredi.
 5. Il n'y a pas de carte dans la classe.
 6. Mais il y a dix dictionnaires dans ma classe.
 7. Dans ma famille, il y a une mère, un père, deux garçons et une fille.
 8. Mon oncle a deux agneaux, trois cochons et quatre chevaux.

# II

**6·1**   1. Je porte un pantalon et un pull.    2. Ma mère porte une robe.    3. Nous ne portons pas de chaussettes dans la douche.    4. Mon père ne porte pas de casquette au bureau.    5. Ma sœur porte sa jupe avec une ceinture.    6. Mon frère porte un chapeau et un manteau.

**6·2**   1. le manteau   2. la ceinture   3. la robe   4. la chaussure   5. le chemisier   6. le tee-shirt
   7. le pyjama   8. le chapeau   9. le pantalon   10. la jupe   11. la chaussette   12. la chemise
   13. le pull   14. les vêtements

**6·3**   1. J'étudie le français chaque jour.    2. Mon professeur porte toujours un chapeau.    3. Mais aujourd'hui, il porte une casquette.    4. Les étudiants ne parlent pas quand le professeur est impatient.    5. Nous parlons beaucoup quand le professeur est patient.    6. Nous ne regardons pas beaucoup de télévision quand nous avons un devoir.    7. Il y a moins de bruit quand il y a moins d'élèves/d'étudiants dans la classe.
   8. Les filles portent des jupes quand elles dansent.    9. Ils chantent plus quand la musique est du pop.
   10. Quelquefois mon père regarde quand je joue au foot(ball).

**6·4**   1. j'aime, tu aimes, il/elle aime, nous aimons, vous aimez, ils/elles aiment
   2. je rêve, tu rêves, il/elle rêve, nous rêvons, vous rêvez, ils/elles rêvent
   3. je nomme, tu nommes, il/elle nomme, nous nommons, vous nommez, ils/elles nomment
   4. je reste, tu restes, il/elle reste, nous restons, vous restez, ils/elles restent
   5. je crée, tu crées, il/elle crée, nous créons, vous créez, ils/elles créent
   6. j'adore, tu adores, il/elle adore, nous adorons, vous adorez, ils/elles adorent

**7·1**   1. Je finis les pâtes.   2. Tu finis la pizza.   3. Nous finissons la salade.   4. Les enfants finissent la glace.
   5. Elle finit la baguette.   6. Je choisis le vin.   7. Il choisit le sorbet.   8. Nous choisissons l'eau.
   9. Les enfants choisissent le lait au chocolat.   10. Mes parents choisissent le café.

**7·2**   (*suggested answers*)  1. a/b/c   2. a   3. b/c   4. b/c   5. d   6. a   7. b/c   8. a/b/c/d   9. a/b/c
   10. b/c

**7·3**   1. Je mange des céréales chaque matin.    2. Je choisis toujours le poulet quand je mange au restaurant.
   3. Il y a beaucoup de pâtes dans mon assiette.    4. D'abord nous choisissons la viande, ensuite nous choisissons le vin.    5. Le soir, je mange toujours un peu de salade avec mon dîner.    6. Le matin, j'ai une tasse de café, un toast et deux œufs.    7. En France, je choisis des frites pour mon déjeuner et mon dîner.
   8. Il y a quatre verres de vin sur la table.

**8·1**   1. Vous finissez.   2. Ils rougissent.   3. Nous maigrissons.   4. Elle brunit.   5. Je grossis.
   6. Elle vieillit.   7. Il réussit.   8. Elles pourrissent.   9. Tu choisis.   10. Ils mûrissent.

**8·2**   1. F   2. F   3. V   4. V   5. F   6. F   7. V   8. F

**8·3**   1. Je choisis la pizza quand je suis au restaurant italien.
   2. Quelquefois elle rougit parce qu'elle est timide.
   3. Elle maigrit parce qu'elle vieillit.
   4. Les fruits et les légumes pourrissent vite quand ils ne sont pas dans le réfrigérateur.
   5. Les tomates mûrissent et rougissent vite au soleil.
   6. Nous réussissons quand nous travaillons beaucoup.
   7. Je finis chaque phrase.
   8. Mon frère grossit quand il mange beaucoup.

**8·4**   1. V   2. F   3. F   4. V   5. F   6. V   7. F   8. F

**9·1**   1. la salade verte   2. l'œuf blanc   3. le riz brun   4. la glace rose   5. le riz jaune   6. le thé vert
   7. le lait blanc   8. le jus rouge   9. le jus orange   10. une salade violette   11. le café noir
   12. le thé gris

**9·2**   1. La tomate est rouge.   2. La glace au chocolat est brune.   3. La soupe au brocoli est verte.
   4. Le chocolat est brun/noir.   5. Le maïs est jaune.   6. Le jus d'orange est orange.   7. Le céleri est vert.   8. La betterave est violette.   9. Le café est noir.   10. Le lait est blanc.

**9·3**  1. J'aime les frites et la salade verte.   2. Je n'aime pas du tout le café.   3. J'aime beaucoup les croissants le matin.   4. J'adore / J'aime la glace au chocolat.   5. Je n'aime pas du tout le gâteau.   6. Quelquefois j'aime le lait le soir.   7. J'aime un peu les légumes.   8. Je n'aime pas les céréales.   9. J'aime beaucoup une baguette le matin et le soir.   10. J'aime un peu d'eau avec mon vin.

**10·1**  1. les petites filles / the little girls   2. les dames minces / the slim ladies   3. les grands garçons / the big boys   4. des mères sérieuses / (some) serious mothers   5. des pères amusants / (some) amusing fathers   6. des chiens super / (some) super/fantastic dogs   7. des personnes sociables / (some) sociable people   8. les fleurs blanches / the white flowers   9. les livres bleus / the blue books   10. les feutres rouges / the red markers   11. les oncles riches / the rich uncles   12. des tantes sympa / (some) nice aunts   13. des professeurs passionnés / (some) passionate teachers   14. des frères âgés / (some) older brothers   15. des sœurs généreuses / (some) generous sisters   16. des filles sportives / (some) athletic girls   17. des gâteaux délicieux / (some) delicious cakes   18. des boissons délicieuses / (some) delicious drinks

**10·2**  1. F   2. V   3. V   4. V   5. F   6. F   7. F   8. V   9. V   10. F

**10·3**  1. Elle est active et son frère est sportif.   2. Ses fils sont beaux et ses filles sont belles.   3. La fille est petite mais son frère est grand.   4. Son chien est brun et énergique.   5. Ses fleurs sont grandes, blanches et belles.

**10·4**  1. V   2. F   3. F   4. V   5. V   6. V   7. F   8. V

**R2·1**  1. to finish   2. to speak   3. to watch   4. to choose   5. to study   6. to sing   7. to gain weight   8. to create   9. to present   10. to lose weight   11. to turn white   12. to dance   13. to wear / to carry   14. to turn yellow   15. to love / to adore   16. to sing   17. to age / to grow older   18. to turn red / to blush   19. to dream   20. to succeed

**R2·2**  1. le numéro 5   2. la maison   3. le cheval   4. l'assiette   5. beaucoup   6. le bureau   7. la porte   8. le pyjama   9. le manteau   10. une semaine

**R2·3**  1. M   2. M/R   3. M/É   4. M/É   5. É   6. M   7. R   8. R   9. R   10. É

**R2·4**  *(answers will vary)*

**R2·5**  1. Quand je travaille beaucoup, je réussis.   2. Mes professeurs sont très sérieux et très responsables.   3. Ma famille est amusante. Mes parents sont super!   4. Quelquefois quand je parle français, je rougis.   5. Les bananes jaunissent; puis, elles brunissent.   6. Nous dansons le dimanche.   7. J'aime / j'adore le riz jaune.   8. J'aime une salade verte avec mon poulet.

**R2·6**  1. F   2. V   3. F   4. F   5. F   6. V   7. V   8. V

**R2·7**  1. a/b   2. a   3. b   4. c   5. b   6. c   7. a   8. a   9. b   10. b

# III

**11·1**  1. J'attends mes parents.
2. Une mère défend ses enfants.
3. Nous descendons l'escalier.
4. Quelquefois vous perdez un match.
5. Il vend sa maison.
6. Tu rends le livre.
7. J'entends la question.
8. Les étudiants/élèves répondent à beaucoup de questions.

**11·2**  1. d   2. g   3. f   4. a   5. h   6. b   7. e   8. c

**11·3**  1. F   2. F   3. V   4. V   5. F   6. V   7. F   8. V

**11·4**  1. Quelquefois je n'entends pas le téléphone.
2. Quand mon cellulaire/portable sonne, je réponds vite.
3. Quand je joue à la loterie, je perds toujours de l'argent.
4. Mes parents attendent le taxi.
5. Quand ils arrivent au restaurant, ils descendent.
6. Ma mère donne de l'argent au chauffeur de son portefeuille.
7. Je descends au salon et je regarde le tennis à la grande télévision.
8. Mais mon joueur favori perd le match.

**12·1**  *(suggested answers)*   1. Non   2. Si   3. Oui   4. Non   5. Oui   6. Si   7. Oui/Non   8. Oui

**12·2**  1. Tu étudies beaucoup?
2. Tu joues au tennis tous les jours?

3. Tu aimes le français?
4. Tes professeurs/profs sont sympa?
5. Il y a une carte dans ta salle de classe?
6. Ta mère travaille?
7. Ton cellulaire/portable est en haut?
8. Tes parents entendent le téléphone?

**12·3**
1. Est-ce que vous répondez?
2. Est-ce qu'elle joue à la loterie?
3. Est-ce que vous aimez les frites?
4. Est-ce que tes parents sont généreux?
5. Est-ce que les filles attendent?
6. Est-ce que vous entendez le téléphone?
7. Est-ce que votre cellulaire/portable est en haut?
8. Est-ce que vous rougissez?

**12·4**
1. Étudiez-vous beaucoup?
2. Jouez-vous au tennis tous les jours?
3. Aimons-nous le français?
4. Sont-ils sympa?
5. Est-elle belle?
6. Descendez-vous ici?
7. Finissent-ils l'exercice?
8. Vend-elle des maisons?

**12·5**   1. f   2. h   3. a   4. g   5. b   6. d   7. c   8. e

**12·6**
1. Quand est-ce que tu manges? —Je mange le matin.
2. Qu'est-ce que les étudiants/élèves aiment? —Ils aiment le lait au chocolat.
3. Où est-ce que les filles dansent tous les jours? —Elles dansent ici à l'école.
4. Pourquoi est-ce que vous étudiez le français? —Parce que nous aimons le français.
5. Quand parles-tu à tes parents? —Le soir, pendant le dîner.
6. Où descends-tu? —Je descends là-bas.
7. Comment finissent-ils si vite? —Ils sont sérieux pendant la classe.
8. Pourquoi rougis-tu? —Parce que je suis timide.

**13·1**   1. V   2. F   3. F   4. F   5. V   6. V   7. V   8. F   9. V   10. F

**13·2**
1. C'est une actrice. Elle est actrice.
2. C'est un dentiste. Il est dentiste.
3. C'est une professeur. Elle est professeur.
4. C'est un avocat. Il est avocat.
5. C'est une directrice. Elle est directrice.
6. C'est un vendeur. Il est vendeur.
7. C'est une infirmière. Elle est infirmière.
8. C'est un musicien. Il est musicien.

**13·3**
1. Nous sommes agents de police.
2. Vous êtes pompiers.
3. Elle est avocate.
4. Il est dentiste.
5. Ils sont chanteurs.
6. Elles sont artistes.
7. Je suis femme d'affaires.
8. Tu es électricien.

**13·4**
1. Je suis intelligent/intelligente.
2. Je suis petit/petite.
3. Je suis curieux/curieuse.
4. Je suis responsable/responsable.
5. Je suis actif/active.
6. Vous êtes courageux/courageuses.
7. Vous êtes super/super.
8. Tu es amusant/amusante.
9. Vous êtes grands/grandes.
10. Tu es fort/forte.

**14·1**   1. ma carte / mes cartes   2. ton livre / tes livres   3. sa maison / ses maisons   4. notre professeur / nos professeurs   5. leur classe / leurs classes   6. votre frère / vos frères   7. son chien / ses chiens   8. mon oncle / mes oncles   9. notre cuisine / nos cuisines   10. sa chemise / ses chemises

**14·2**   1. F   2. F   3. F   4. V   5. F   6. F   7. F   8. V   9. V   10. F

**14·3**   1. Je suis aimable.
2. Tu es timide.
3. Il est grand.
4. Elle est généreuse.
5. Nous sommes énergiques.
6. Vous êtes minces.
7. Ils sont ici.
8. Elles sont là-bas.

**14·4**   1. Où es-tu maintenant?
2. Êtes-vous en retard?
3. Où est sa sœur?
4. À quelle heure est la fête?
5. Comment est ton professeur?
6. Où sont les étudiants/élèves?
7. Sommes-nous en avance?
8. Sont-elles là-bas?

**14·5**   1. la Suisse   2. le Canada   3. la France   4. la Belgique   5. le Maroc

**15·1**   1. J'ai une lampe et un lit.
2. Tu as deux placards.
3. Elle a une commode et un miroir.
4. Il a un tapis.
5. Nous avons une étagère et une cheminée.
6. Vous avez deux rideaux.
7. Les garçons ont une baignoire et une douche.
8. Les filles ont un sofa.

**15·2**   1. salle de bains
2, 3, 4, 5, 8. chambre
2, 5, 6, 7. salon

**15·3**   1. F   2. V   3. F   4. V   5. F   6. F

**15·4**   1. Est-ce que tu as une baignoire?
2. Est-ce que ta chambre a une étagère?
3. Est-ce que ses parents ont un grand lit?
4. Est-ce qu'elle a un ou deux éviers?
5. Est-ce que vous avez un tapis dans le salon?
6. Est-ce que les filles ont un miroir?

**R3·1**   1. i   2. e   3. h   4. f   5. c   6. g   7. j   8. d   9. b   10. a

**R3·2**   1. Le sofa dans son salon est laid.
2. Il y a une salle de bains en haut.
3. Nous avons un grand évier dans notre garage.
4. Il y a deux médecins dans notre famille.
5. Ses professeurs sont très sympa.
6. Ils ont deux étagères dans leur chambre.

**R3·3**   1. je rougis / tu rougis / il, elle rougit / nous rougissons / vous rougissez / ils rougissent
2. je porte / tu portes / il, elle porte / nous portons / vous portez / ils, elles portent
3. je perds / tu perds / il, elle perd / nous perdons / vous perdez / ils, elles perdent
4. je finis / tu finis / il, elle finit / nous finissons / vous finissez / ils, elles finissent
5. j'attends / tu attends / il, elle attend / nous attendons / vous attendez / ils, elles attendent
6. j'ai / tu as / il, elle a / nous avons / vous avez / ils, elles ont
7. je suis / tu es / il, elle est / nous sommes / vous êtes / ils, elles sont
8. j'écoute / tu écoutes / il, elle écoute / nous écoutons / vous écoutez / ils, elles écoutent

**R3·4**   1. c   2. e   3. g   4. f   5. h   6. a   7. b   8. d

R3·5 Angelina Jolie

R3·6 1. f 2. e 3. a 4. d 5. b 6. c

# IV

**16·1** 1. un bon pâtissier / une bonne pâtissière
2. un vieux jardinier / une vieille jardinière
3. un nouveau peintre
4. un gentil employé / une gentille employée
5. un beau coiffeur / une belle coiffeuse
6. le même banquier / la même banquière

**16·2** 1. Il y a un nouveau cuisinier au café. Il est super!
2. J'ai la même coiffeuse qu'elle. Elle est jolie.
3. Le vieux boucher est un peu gros. Mais il est beau.
4. Je suis votre première employée.
5. Où est le jeune jardinier? Il est grand et mince.
6. Pourquoi la journaliste n'est-elle pas ici?
7. C'est un mauvais mécanicien. Il est nouveau.
8. La nouvelle épicière est jeune et jolie.

**16·3** 1. d 2. g 3. f 4. b 5. h 6. a 7. e 8. c

**17·1** 1. Sa mère est furieuse.
2. Ton père est frustré.
3. Ton frère est fier.
4. Leurs parents sont surpris.
5. Sont-ils heureux?
6. Pourquoi est-ce qu'elle est déçue?
7. Je suis de bonne humeur aujourd'hui.
8. Le petit garçon est effrayé.

**17·2** 1. F 2. V 3. F 4. V 5. V 6. V 7. V 8. F 9. V 10. F

**18·1** 1. Ça va bien. 2. Il est en bonne santé. 3. Elle est malade. 4. Nous sommes fatigués.
5. Les étudiants ont un rhume. 6. Tu es en forme! 7. Ça ne va pas mal. 8. Ça va comme ci comme ça.

**18·2** 1. à la maison 2. à la boulangerie 3. au magasin 4. à l'hôpital 5. à l'hôtel 6. aux musées
7. aux restaurants 8. aux églises 9. aux cafés 10. aux théâtres

**18·3** 1. Je vais à l'hôpital. 2. Elle va à la bibliothèque. 3. Nous allons au musée. 4. Vous allez aux magasins. 5. Elles vont à la maison. 6. Il va à la gare. 7. Tu es à la boulangerie. 8. Ils vont au parc.

**18·4** 1. F 2. F 3. V 4. V 5. F 6. F 7. F 8. V

**19·1** 1. Il veut une veste. 2. Elle veut des pantoufles. 3. Nous voulons des shorts. 4. Les garçons veulent des bottes. 5. Je veux une écharpe. 6. Tu veux des maillots de bain. 7. Les filles veulent des cravates. 8. Il veut un sweat.

**19·2** 1. V 2. F 3. F 4. V 5. V 6. F 7. V 8. V

**20·1** 1. J'ai vingt ans.
2. Tu as dix-huit ans.
3. Son grand-père a soixante-quinze ans.
4. Sa grand-mère a quatre-vingt-deux ans.
5. Ma sœur a vingt-six ans.
6. Son mari a trente et un ans.
7. Quel âge avez-vous?
8. Vous avez cinquante ans?

**20·2** 1. J'ai sommeil. 2. J'ai raison. 3. J'ai faim. 4. J'ai soif. 5. J'ai froid. 6. J'ai chaud.
7. J'ai peur. 8. J'ai de la chance. 9. J'ai mal. 10. J'ai tort.

**20·3** 1. c 2. e 3. g 4. a 5. b 6. d 7. f

**R4·1** 1. J'ai trois frères et deux sœurs.
2. Tu as une petite maison et une grande famille.

3. Nous avons un garçon, mais nous voulons trois enfants.
4. Ils ont une boulangerie et ils veulent un pâtissier.
5. Ma tante a vingt-sept ans.
6. L'Empire State Building a quatre-vingts ans.
7. Comment ça va? —Bien.
8. J'ai un rhume. Ça va comme ci comme ça.

**R4·2** 1. V  2. F  3. F  4. V  5. F  6. V  7. F  8. F

**R4·3** 1. b  2. c  3. f  4. h  5. i  6. g  7. a  8. e  9. j  10. d

# V

**21·1** 1. Il neige beaucoup.  2. Il pleut presque tous les jours.  3. Il fait du brouillard le matin.  4. Il fait frais la nuit.  5. Quelquefois il y a un orage l'après-midi.  6. Il fait mauvais aujourd'hui.  7. Il fait très nuageux.  8. Il fait très beau.

**21·2** 1. F  2. V  3. F  4. F  5. V  6. V

**21·3** 1. l'hiver  2. l'été  3. l'automne  4. l'automne  5. le printemps  6. le printemps

**21·4** 1. a  2. d  3. e  4. c  5. f  6. b

**22·1** 1. Je fais la cuisine.  2. Ils jouent aux sports.  3. Tu fais de la musique.  4. Elle fait la vaisselle.  5. Il fait les achats.  6. Nous faisons la bise.  7. Vous faites les bagages.  8. Vous faites la queue.

**22·2** 1. F  2. V  3. F  4. F  5. F  6. V  7. V  8. F

**22·3** 1. Je fais du tennis / Je joue au tennis avec mon frère.
2. Tu fais du foot / Tu joues au foot avec tes amis.
3. Nous faisons du volleyball / Nous jouons au volleyball à l'école.
4. Mes parents jouent aux cartes le dimanche.
5. Nous faisons du hockey / Nous jouons au hockey en hiver.
6. Mes frères jouent au billard.

**22·4** 1. Nous jouons du violon.  2. Vous jouez au basketball.  3. Ils jouent de la guitare.  4. Elle joue au volleyball.  5. Tu joues du cor.  6. Je joue au tennis.

**23·1** 1. Il est midi.  2. Il est une heure.  3. Il est douze heures.  4. Il est cinq heures.  5. Il est huit heures.  6. Il est sept heures du matin.  7. Il est quatre heures de l'après-midi.  8. Il est neuf heures du soir.

**23·2** 1. À six heures, je fais mon petit déjeuner.
2. À sept heures, je fais une promenade.
3. À huit heures, je fais du vélo.
4. À neuf heures, je suis à l'école.
5. À midi, je mange avec mes amis.
6. À quatre heures, je fais les achats.
7. À six heures, je fais mes devoirs.
8. À sept heures, je fais la vaisselle.

**23·3** 1. a  2. a  3. b  4. a  5. c  6. c

**23·4** 1. Il est quatre heures et demie.  2. Il est deux heures et demie.  3. Il est onze heures moins cinq.  4. Il est huit heures dix.  5. Il est trois heures moins le quart.  6. Il est midi vingt.  7. Il est sept heures et quart.  8. Il est une heure moins cinq.

**24·1** 1. Je vais au parc.  2. Tu vas au musée.  3. Elle va à l'université.  4. Il va à la bibliothèque.  5. Nous allons à la boulangerie.  6. Vous allez aux magasins.  7. Elles vont au cinéma.  8. Ils vont au centre commercial.

**24·2** 1. c  2. c  3. a/c  4. b  5. c  6. a

**24·3** 1. Je vais à l'université en vélo.  2. Mes amis vont au parc à pied.  3. Quelquefois, je fais du vélo au parc.  4. John va à l'école en mobylette.  5. Mes parents vont au restaurant en voiture.  6. Tu vas au Canada en avion.  7. Ma sœur va au travail en métro.  8. Ils vont à Key West en bateau.

**25·1** 1. J'écris.  2. Tu lis.  3. Il dit.  4. Nous écrivons.  5. Vous lisez.  6. Elles disent.  7. Ils écrivent.  8. Je lis.

**25·2** 1. a  2. g  3. f  4. a  5. b  6. d  7. c  8. e

**25·3** 1. V  2. V  3. V  4. F  5. F  6. F  7. F  8. F  9. V  10. V

**25·4**
    1. J'écris un long essai avec cinq paragraphes.
    2. J'aime / J'adore les poèmes.
    3. Où est mon manuel?
    4. Tu es un lecteur avide?
    5. Les politiciens écrivent des biographies.
    6. *Notre-Dame de Paris* est un roman célèbre.

**R5·1**
    1. *play*, je joue, tu joues, il/elle joue, nous jouons, vous jouez, ils/elles jouent
    2. *do/make*, je fais, tu fais, il/elle fait, nous faisons, vous faites, ils/elles font
    3. *go*, je vais, tu vas, il/elle va, nous allons, vous allez, ils/elles vont
    4. *write*, j'écris, tu écris, il/elle écrit, nous écrivons, vous écrivez, ils/elles écrivent
    5. *say/tell*, je dis, tu dis, il/elle dit, nous disons, vous dites, ils/elles disent
    6. *read*, je lis, tu lis, il/elle lit, nous lisons, vous lisez, ils/elles lisent

**R5·2**
    1. d   2. e   3. g   4. f   5. a   6. h   7. b   8. c

**R5·3**
    1. six heures moins le quart   2. onze heures   3. midi   4. minuit   5. cinq heures

**R5·4**
    1. Je joue de la guitare avec mes amis.
    2. Nous jouons au basketball le dimanche au parc.
    3. Vous jouez à cache-cache avec les enfants.
    4. Ils jouent du piano et du violon.
    5. Elle fait beaucoup de sport.
    6. Il fait du vélo tous les jours.

**R5·5**
    1. d   2. f   3. b   4. h   5. g   6. c   7. e   8. a

**R5·6**
    1. Je vais à la maison, je fais mes devoirs et je fais le dîner.
    2. Tu vas à l'école à pied tous les jours.
    3. Ils vont à la bibliothèque quand ils ont besoin de livres.
    4. Nous allons au cinéma quand il fait mauvais le samedi.
    5. Elle fait une promenade au parc avec son chien.
    6. Mes parents vont au restaurant en taxi.

# VI

**26·1**
    1. Je peux chanter.   2. Tu peux danser.   3. Paul peut parler français.   4. Nous pouvons lire.
    5. Vous pouvez nager.   6. Ils peuvent finir l'exercice.   7. Je ne peux pas entendre.   8. Elle ne peut pas attendre.

**26·2**
    1. V   2. F   3. V   4. F   5. V   6. V   7. F   8. F

**26·3**
    1. Jules Verne peut vraiment bien écrire des livres de science-fiction.
    2. Madame de Sévigné peut vraiment bien écrire des lettres.
    3. Victor Hugo peut vraiment bien écrire des romans.
    4. Charles Perrault peut vraiment bien écrire des contes.
    5. Georges Simenon peuvent vraiment bien écrire des romans policiers.

**26·4**   (*suggested answers*)
    1. Non, je ne peux pas parler chinois.
    2. Non, je ne peux pas jouer au golf comme Tiger Woods.
    3. Si, je peux aller en France facilement en avion.
    4. Oui, je peux répondre aux questions.
    5. Non, je ne peux probablement pas gagner à la loterie.
    6. Oui, je mange généralement de la pizza pendant un match à la télé.

**26·5**
    1. attentivement   2. sérieusement   3. joyeusement   4. lentement   5. tristement

**27·1**
    1. Je dois travailler rapidement/vite.   2. Tu dois faire la vaisselle.   3. Paul doit aller à l'école.
    4. Nous devons lire.   5. Vous devez écrire des lettres.   6. Ils/Elles doivent attendre.

**27·2**
    1. V   2. V   3. F   4. V   5. V   6. F   7. F   8. V

**27·3**
    1. Il doit manger son dîner.
    2. Ils espèrent lire aujourd'hui en classe.
    3. J'essaie de parler français clairement.
    4. Nous voulons aller en France.
    5. Vous pouvez bien écrire.
    6. Elle doit faire ses devoirs.

**27·4**  1. c  2. c  3. b  4. a  5. b  6. a  7. b  8. b

**27·5**
1. Je vais au cinéma chaque semaine.
2. Vous regardez la télévision chaque jour.
3. Ils/Elles lisent toute la journée.
4. Je travaille rarement toute la semaine.
5. Nous regardons ce film tant de fois.
6. Vous dansez tout le temps.

**28·1**
1. Pourquoi est-ce que nous devons étudier?
2. Quand est-ce que nous pouvons parler?
3. Comment est-ce que vous devez aller à l'école?
4. Qu'est-ce qu'ils/elles espèrent faire?

**28·2**
1. Que peut-elle lire?
2. Quand veux-tu venir?
3. Pourquoi doivent-elles écrire?
4. Qu'espère-t-il étudier?

**28·3**
1. Qui peut aller au centre commercial?
2. Qui veut manger tout le temps?
3. Qui essaie de répondre une ou deux fois?
4. Qui espère être riche un jour?

**28·4**  1. F  2. V  3. V  4. V  5. V  6. V  7. F  8. V

**28·5**  1. c  2. a  3. f  4. e  5. d  6. b

**29·1**
1. Marc est plus grand que Luc.
2. Marie est plus petite que Rose.
3. Mon chat est plus gros que mon chien.
4. Ma règle est plus longue que ma main.
5. La famille Gates est plus riche que mes parents.

**29·2**  1. F  2. V  3. F  4. F  5. F  6. V

**29·3**
1. Un sandwich est meilleur qu'une salade.
2. Une pièce (de théâtre) est meilleure qu'un film.
3. Un F est pire qu'un D.
4. L'économie est pire aujourd'hui qu'hier.

**29·4**  (*suggested answers*)
1. Une glace au chocolat est meilleure qu'une glace à la vanille / Une glace à la vanille est meilleure qu'une glace au chocolat.
2. Le poulet est meilleur que la dinde. / La dinde est meilleure que le poulet.
3. Une fraise est meilleure qu'une cerise. / Une cerise est meilleure qu'une fraise.
4. Julia Roberts est meilleure que Meryl Streep. / Meryl Streep est meilleure que Julia Roberts.

**30·1**  1. avant d'écrire  2. pour vivre  3. avant de parler  4. au lieu de lire  5. pour voir  6. au lieu de regarder

**30·2**  1. We need water on the table.  2. We need paintings on the wall.  3. We need a rug on the floor.  4. We need a night light in the baby's room.  5. We have to buy curtains.  6. We have to write to grandmother.  7. We have to speak French.  8. We have to listen to the teacher.

**30·3**  1. V  2. F  3. F  4. V  5. V  6. F  7. F  8. V  9. F  10. V

**30·4**  1. des photos  2. des bûches  3. une clé  4. un panier / une poubelle  5. la vaisselle, une cuisinière  6. une cuisinière

**30·5**  1. Il faut étudier.  2. Il faut dormir.  3. Il faut manger des légumes.  4. Il faut lire vos livres.  5. Il faut faire du sport.

**30·6**
1. Pour avoir un A, il faut étudier.
2. Avant de manger, il faut préparer le dîner.
3. Au lieu de jouer au foot, il faut essayer de jouer au football américain.
4. Il faut bien manger pour être en forme.
5. Il faut faire du sport pour être fort(e).
6. Il faut être heureux.
7. Il ne faut pas fumer.
8. Il ne faut pas être triste.

**R6·1**
1. Je peux parler français.
2. Je veux aller en France.
3. Nous devons faire des achats.
4. Il faut aller au centre commercial.
5. Il espère gagner le match.
6. Elle préfère danser.

**R6·2**  1. c   2. b   3. c   4. c   5. a

**R6·3**
1. j'ai, tu as, il/elle a, nous avons, vous avez, ils/elles ont
2. je suis, tu es, il/elle est, nous sommes, vous êtes, ils/elles sont
3. je fais, tu fais, il/elle fait, nous faisons, vous faites, ils/elles font
4. je vais, tu vas, il/elle va, nous allons, vous allez, ils/elles vont
5. je dois, tu dois, il/elle doit, nous devons, vous devez, ils/elles doivent
6. je peux, tu peux, il/elle peut, nous pouvons, vous pouvez, ils/elles peuvent
7. je veux, tu veux, il/elle veut, nous voulons, vous voulez, ils/elles veulent
8. j'espère, tu espères, il/elle espère, nous espérons, vous espérez, ils/elles espèrent

**R6·4**
1. L'avion est plus rapide que le train.
2. Le maïs est jaune.
3. Un accident de voiture est pire qu'un C en français.
4. Oui, l'agent de police peut arrêter les criminels.
5. Michael Phelps est le meilleur nageur.
6. La tour Eiffel est plus grande que l'Arc de Triomphe.

**R6·5**  1. c   2. e   3. a   4. d   5. b

**R6·6**  1. V   2. V   3. F   4. F   5. F   6. F   7. V   8. V   9. F   10. V

# VII

**31·1**
1. cette maison   2. ce fils   3. cet animal   4. ces écoles   5. cette salle de bains
6. ce garage   7. ce fauteuil-ci et ce fauteuil-là   8. ces escaliers-ci et ces escaliers-là

**31·2**  1. V   2. F   3. V   4. V   5. F   6. V   7. V   8. F   9. V   10. V

**31·3**
1. Je peux essayer d'appeler mon ami maintenant.
2. S'il ne répond pas, je dois appeler ce soir.
3. Je vais jeter ces papiers.
4. J'essaie de nettoyer ce bureau une fois par mois.
5. J'aime acheter mes vêtements à ce magasin.
6. Je n'aime pas ennuyer mes étudiants/élèves.

**31·4**  1. d   2. c   3. e   4. a   5. f   6. b

**32·1**  1. F   2. V   3. F   4. F   5. V   6. F   7. V   8. F

**32·2**  1. b   2. b   3. b   4. b   5. b   6. b   7. a   8. b

**32·3**  1. nouveau   2. vieille   3. vieux   4. nouveau   5. vieille   6. nouveau

**32·4**
1. J'appelle mes vieux amis chaque jour.
2. Tu appelles seulement ta nouvelle amie?
3. Elle appelle souvent son bel ami.
4. Je jette ou je donne mes vieux vêtements.
5. Nous jetons la vieille pizza.
6. Mes camarades de classe jettent leurs vieux cahiers.

**33·1**
1. Vous achetez un kilo de pommes.
2. Ils achètent un gâteau.
3. Nous levons la main.
4. Elle lève la table.
5. Je gèle (Je fais geler) le jambon.
6. Les oranges gèlent quand il fait très froid.
7. Tu promènes ton chien.
8. Ils promènent leur chien.

**33·2**  1. F   2. F   3. V   4. V   5. F   6. V

**33·3** 1. Je suis devant le/la professeur.   2. Son livre est sur son bureau.   3. Les fraises sont entre les oranges et les pommes.   4. Son chat est sous la table.   5. Mon lit est à côté de la fenêtre.   6. Le café est dans le centre commercial.   7. La boulangerie est loin d'ici.   8. Le restaurant est à droite du cinéma.   9. Il y a un parc en face de l'école. 10. La bibliothèque est près de mon école.

**33·4** 1. d   2. c   3. a   4. b

**34·1** 1. Je célèbre le Thanksgiving.   2. Nous célébrons nos anniversaires.   3. Tu espères que l'examen est facile.   4. Vous espérez qu'il fait beau.   5. Il possède beaucoup de banques.   6. Nous possédons une maison.   7. Je préfère les légumes.   8. Vous préférez les fruits.

**34·2** 1. F   2. F   3. V   4. V   5. F   6. V   7. V   8. V

**34·3** 1. à/avec/de   2. chez   3. pour   4. de   5. avec   6. de   7. à   8. chez/avec

**35·1** 1. J'essaie mon nouveau pull.   2. Tu essaies de parler français.   3. Nous ennuyons nos amis avec ces histoires.   4. Ils ennuient leur petit frère.   5. Le chef nettoie sa cuisine.   6. Vous ne nettoyez pas votre maison.   7. Je paie pour ma sœur.   8. Nous payons beaucoup pour ces vêtements.

**35·2** 1. F   2. V   3. F   4. F   5. V   6. V   7. F   8. F

**35·3** 1. d   2. f   3. b   4. a   5. c   6. e

**35·4** 1. g   2. a   3. b   4. h   5. c   6. d   7. e   8. f

**35·5** 1. Je viens de manger un sandwich.   2. Tu viens d'essayer une robe.   3. Il vient d'acheter une nouvelle voiture.   4. Elle vient de jeter un vieux magazine.   5. Nous venons d'aller au cinéma.   6. Mes amis viennent d'appeler.

**R7·1** 1. Cet après-midi, je vais acheter un nouveau vélo.   2. Je préfère sortir avec mes amis le soir.   3. Les oranges gèlent quand il fait trop froid.   4. Le musée est loin de l'hôtel.   5. Nous sommes derrière mes parents au cinéma.   6. Mes clés sont sur mon bureau dans ma chambre.   7. Ce cadeau est pour ma mère.   8. En été, je ne vais pas à l'école.

**R7·2** 1. V   2. F   3. V   4. F   5. F   6. V   7. V   8. V

**R7·3** 1. maintenant   2. après   3. avant   4. maintenant   5. maintenant   6. avant   7. après   8. maintenant   9. maintenant   10. avant

# VIII

**36·1** 1. Tu me regardes.   2. Il m'aime.   3. Ils nous appellent.   4. Le professeur vous cherche.   5. Ses parents nous invitent.   6. Elle t'aime.

**36·2** 1. J'aime le livre. Je l'aime.
2. Nous aimons les bijoux. Nous les aimons.
3. Tu lis le magazine. Tu le lis.
4. Elle achète le jeu vidéo. Elle l'achète.
5. Il mange la pizza. Il la mange.
6. J'achète les abonnements. Je les achète.
7. Il adore le collier. Il l'adore.
8. Nous voulons le parfum. Nous le voulons.
9. Ils écrivent la lettre. Ils l'écrivent.
10. Vous donnez le bouquet. Vous le donnez.

**36·3** 1. V   2. F   3. V   4. V   5. F   6. V   7. F   8. V

**36·4** 1. le   2. les   3. l'   4. les   5. la

**36·5** 1. t'   2. m'   3. nous   4. vous

**37·1** 1. Je sais jouer du piano.   2. Tu sais peindre.   3. Elle sait jouer au foot/football.   4. Nous savons qu'il aime la pizza.   5. Mes amis savent que j'aime bavarder.   6. Ils savent que nous bricolons tout le temps.

**37·2** 1. V   2. V   3. V   4. F   5. V   6. F   7. V   8. F

**37·3** 1. Je ne sais pas où tu habites.   2. Tu ne sais pas jouer au golf.   3. Elle ne sait pas qu'il neige ici.   4. Vous ne voulez pas savoir la vérité.   6. Elles ne savent pas que je joue du violon.

**37·4** 1. V   2. F   3. V   4. F   5. F   6. V   7. V   8. F

**37·5** 1. Pas si vite!   2. Pas dans la cuisine!   3. Pas chaque jour! / Pas tous les jours!   4. Pas de glace s'il vous plaît!   5. Pas de pain, merci!   6. Pas en été!

**37·6** 1. c   2. d   3. e   4. a   5. b

**38·1**  1. Je connais bien ce restaurant.  2. Tu ne connais pas ce club de sport.  3. Elle ne connaît pas le quartier.  4. Nous connaissons beaucoup de bons cafés.  5. Vous connaissez cette bibliothèque.  6. Ils connaissent notre école.

**38·2**  1. V  2. V  3. F  4. F  5. F  6. V  7. V  8. V

**38·3**  1. c/i/j  2. e/g/h  3. b  4. f/j  5. a/j  6. c/j  7. d/g/j  8. d  9. j  10. h

**39·1**  1. sais  2. connais  3. sais  4. connaît  5. savons  6. connaissez  7. savent  8. savent

**39·2**  1. je sais, tu sais, il/elle sait, nous savons, vous savez, ils/elles savent
2. je connais, tu connais, il/elle connaît, nous connaissons, vous connaissez, ils/elles connaissent
3. je suis, tu es, il/elle est, nous sommes, vous êtes, ils/elles sont
4. j'ai, tu as, il/elle a, nous avons, vous avez, ils/elles ont
5. je fais, tu fais, il/elle fait, nous faisons, vous faites, ils/elles font
6. je vais, tu vas, il/elle va, nous allons, vous allez, ils/elles vont
7. je veux, tu veux, il/elle veut, nous voulons, vous voulez, ils/elles veulent
8. je peux, tu peux, il/elle peut, nous pouvons, vous pouvez, ils/elles peuvent
9. je dois, tu dois, il/elle doit, nous devons, vous devez, ils/elles doivent
10. j'écris, tu écris, il/elle écrit, nous écrivons, vous écrivez, ils/elles écrivent
11. je lis, tu lis, il/elle lit, nous lisons, vous lisez, ils/elles lisent
12. je dis, tu dis, il/elle dit, nous disons, vous dites, ils/elles disent

**39·3**  (*suggested answers*)  1. Oui, je sais nager.  2. Oui, je sais parler anglais.  3. Non, je ne sais pas voler.  4. Oui, je les connais.  5. Oui, je la connais.  6. Non, je ne les connais pas toutes.

**39·4**  1. F  2. V  3. V  4. V  5. V  6. V  7. F  8. V  9. F  10. F

**39·5**  1. Ils savent où elle est.
2. Je ne connais pas le nouveau professeur.
3. Mes parents connaissent bien la ville de New York.
4. Nous savons lire en français.
5. Tu connais beaucoup de bons restaurants.
6. Elle ne sait pas quand le film commence.
7. Je ne sais pas jouer du piano.
8. Les élèves/étudiants connaissent beaucoup de librairies.

**40·1**  1. F  2. F  3. F  4. V  5. V  6. V

**40·2**  1. la voiture de mon frère  2. les parents de mon ami(e)  3. le livre du professeur  4. le titre du poème  5. d'Italie  6. de la piscine

**40·3**  1. V  2. V  3. F  4. F  5. F  6. F

**40·4**  1. une cuillère à café  2. un verre à vin  3. un gâteau au chocolat  4. une omelette au fromage  5. au bureau de poste  6. au professeur

**40·5**  1. Je ne mange jamais le matin.  2. Tu ne joues plus.  3. Il ne dit rien.  4. Nous ne voulons rien.  5. Vous n'écrivez plus.  6. Ils ne veulent rien.

**40·6**  1. c  2. e  3. d  4. a  5. b

**R8·1**  1. d  2. f  3. a  4. e  5. c  6. b

**R8·2**  1. F  2. V  3. F  4. F  5. V  6. F  7. F  8. V

**R8·3**  1. au Canada  2. aux États-Unis  3. au Canada  4. en France  5. aux États-Unis  6. au Canada  7. en France  8. tous les trois

**R8·4**  1. connais  2. connais  3. sait  4. savons  5. connaissez  6. savent

**R8·5**  1. Je préfère le cadeau de Colette.  2. Elle a un nouveau collier; elle l'aime bien.  3. Vous savez faire une omelette au fromage.  4. Il ne connaît personne dans cette ville.  5. C'est le frère de John.  6. Nous ne faisons rien le dimanche.  7. Elles ne vont plus à cette bibliothèque.  8. Tu écris un e-mail à ton oncle.

# IX

**41·1**  1. F  2. V  3. F  4. V  5. F  6. V  7. F  8. F  9. F  10. F

**41·2**  1. J'aime sortir avec mes amis.  2. Tu pars rarement.  3. Il dort presque toujours à la maison.  4. Un putois peut sentir mauvais.  5. Vous partez ensemble.  6. Ils sortent au restaurant de temps en temps.  7. Les fleurs sentent bon.  8. Nous ne sortons jamais pendant la semaine.

**41·3** 1. b   2. h   3. f   4. e   5. g   6. c   7. d   8. a

**42·1** 1. je me lève, tu te lèves, il/elle se lève, nous nous levons, vous vous levez ils/elles se lèvent
2. je m'habille, tu t'habilles, il/elle s'habille, nous nous habillons, vous vous habillez, ils/elles s'habillent
3. je me peigne, tu te peignes, il/elle se peigne, nous nous peignons, vous vous peignez, ils/elles se peignent
4. je me couche, tu te couches, il/elle se couche, nous nous couchons, vous vous couchez, ils/elles se couchent
5. je me rase, tu te rases, il/elle se rase, nous nous rasons, vous vous rasez, ils/elles se rasent
6. je me sens, tu te sens, il/elle se sent, nous nous sentons, vous vous sentez, ils/elles se sentent
7. je me sèche, tu te sèches, il/elle se sèche, nous nous séchons, vous vous séchez, ils/elles se sèchent
8. je me bronze, tu te bronzes, il/elle se bronze, nous nous bronzons, vous vous bronzez, ils/elles se bronzent

**42·2** 1. Je me lève à six heures et demie.   2. Tu t'habilles tout de suite/immédiatement.   3. Il se peigne dans la salle de bains.   4. Nous nous couchons à dix heures.   5. Vous vous rasez dans la douche.
6. Ils se sentent bien aujourd'hui.   7. Elle s'appelle Véronique.   8. Nous nous habillons très chic.

**42·3** Le matin, je me réveille à six heures. Je me lève rapidement et je me lave la figure et les mains. Quelquefois je me lave les cheveux dans la douche et puis je me sèche. Je me brosse toujours les dents et je me peigne (les cheveux). Après le petit déjeuner, je me dépêche de prendre le bus. Le soir je me couche à dix heures et demie et je m'endors presque toujours tout de suite.

**42·4** 1. Oui   2. Non   3. Oui   4. Non   5. Non   6. Non   7. Oui   8. Oui   9. Non   10. Oui

**42·5** 1. Je me sens comme ci comme ça ce matin.   2. Tu te sens très fatigué(e)?   3. Il se sent vraiment bien.
4. Nous nous sentons en forme.   5. Vous vous sentez tristes.   6. Elles se sentent bien.

**43·1** 1. F   2. V   3. F   4. V   5. F   6. V   7. V   8. V

**43·2** 1. Ce mascara/rimmel est noir.   2. Anne et John n'aiment pas mon adoucissant.   3. La brosse à dents de mon frère est ici.   4. Le fil dentaire est dans la salle de bains.   5. Où sont le peigne et la brosse?
6. Michel a un nouveau rasoir.

**43·3** 1. Il se brosse les dents.   2. Elle se peigne (les cheveux).   3. Elle se maquille (les yeux).   4. Il se sèche.
5. Je me lave.   6. Tu te laves les cheveux.   7. Il se rase.   8. Elle s'habille.

**44·1** 1. V   2. F   3. V   4. V   5. V   6. F   7. V   8. F

**44·2** 1. Mon ami Pierre vient de France.   2. Tu viens quelquefois en retard.   3. Il vient à l'école chaque jour/ tous les jours.   4. Nous venons des États-Unis.   5. Vous ne venez pas d'Angleterre.   6. Les filles viennent ensemble.

**44·3** 1. e   2. d   3. f   4. b   5. a   6. c

**44·4** 1. d   2. f   3. e   4. c   5. a   6. b

**44·5** 1. en veux   2. en ai envie   3. m'en souviens   4. en ai beaucoup   5. en arrive   6. en viens

**44·6** 1. Est-ce qu'il veut de l'eau? —Oui, il en veut.   2. Est-ce qu'elle vient du Canada? —Oui, elle en vient.
3. Est-ce qu'il a envie de chanter? —Oui, il en a envie.   4. Est-ce qu'elle veut des bananes? —Oui, elle en veut.   5. Est-ce que tu te souviens de ce livre? —Oui, je m'en souviens.   6. Est-ce que vous vous souvenez de vos notes? —Oui, nous nous en souvenons.

**45·1** 1. Oui   2. Oui   3. Non   4. Oui   5. Non   6. Oui   7. Non   8. Non

**45·2** 1. Il offre des fleurs à sa mère.   2. J'offre un collier à ma sœur.   3. Nous offrons un chien à notre frère.
4. Tes parents offrent un nouveau vélo à ta sœur.   5. Vous nous offrez des tickets pour le cinéma.

**45·3** 1. DO-paper / IO-to him   2. DO-a good grade / IO-me   3. DO-a bracelet / IO-her   4. DO-an e-mail / IO-you   5. DO-a gift / IO-me   6. DO-many questions / IO-us   7. IO-to him   8. DO-five dollars / IO-them

**45·4** 1. Elle me donne une bague.   2. Vous lui offrez ce cadeau.   3. Ils nous parlent.   4. Nous t'offrons cette carte.   5. Il lui offre un bouquet.   6. Je leur pose beaucoup de questions.

**R9·1** 1. F   2. V   3. V   4. F   5. V   6. F   7. V   8. V   9. V   10. F

**R9·2** 1. e   2. g   3. f   4. h   5. a   6. c   7. d   8. b

**R9·3** 1. me   2. me   3. m'   4. te   5. te   6. nous   7. nous   8. nous   9. nous   10. nous

**R9·4** 1. Oui, je lui donne une carte.   2. Oui, je leur parle souvent.   3. Oui, ils lui parlent.   4. Oui, il leur offre des gâteaux.   5. Oui, elle en arrive.   6. Oui, je m'en souviens.

**R9·5** 1. Oui, je te fais la bise.   2. Oui, je vous montre mon nouveau pull.   3. Oui, je vous offre un café.
4. Oui, mes parents (ils) me téléphonent souvent.

# X

**46·1** 1. Non 2. Oui 3. Non 4. Non 5. Non 6. Oui

**46·2** 1. Je prends le bus. 2. Tu prends le dictionnaire. 3. Il prend le train. 4. Nous prenons l'avion. 5. Vous prenez vos manteaux. 6. Elles prennent leurs livres.

**46·3** 1. V 2. F 3. F 4. V 5. F 6. V 7. V 8. V

**46·4** 1. Lui/moi 2. Nous/vous 3. Eux/nous 4. Moi/toi 5. Toi/moi 6. Elles/eux 7. Nous/vous 8. Moi/toi

**46·5** 1. A 2. R 3. R 4. A 5. R 6. A

**47·1** 1. Je vais chanter une chanson française.
2. Tu vas me donner ton adresse.
3. Elle va vendre son vélo.
4. Nous allons offrir un cadeau au professeur.
5. Vous allez finir ce livre aujourd'hui.
6. Ils vont se sentir bien.

**47·2** 1. c 2. d 3. a 4. b 5. f 6. e

**47·3** 1. e 2. d 3. c 4. f 5. a 6. b

**47·4** 1. y vais 2. y est 3. n'y répond pas 4. y sont 5. n'y restons pas 6. y est

**48·1** 1. Je viens de parler français. 2. Tu viens de lire le journal. 3. Elle vient de s'habiller. 4. Nous venons de regarder un film. 5. Vous venez de prendre le train. 6. Ils viennent d'apprendre un nouveau mot.

**48·2** 1. Ma mère vient d'arriver à la maison il y a une heure.
2. Je viens de commencer cet exercice il y a une minute.
3. Nous venons d'acheter cette maison il y a un an.
4. Mes grands-parents viennent de partir hier.
5. Tu viens de me voir hier soir.
6. Nos amis viennent de téléphoner il y a une semaine.
7. Sophia vient de se lever il y a quinze minutes.
8. Nous venons de nous laver.

**48·3** 1. F 2. F 3. V 4. V 5. V 6. F 7. V 8. F

**49·1** 1. J'ai parlé. 2. Tu as fini. 3. Il a répondu. 4. Elle a dansé. 5. Nous avons choisi. 6. Vous avez perdu. 7. Ils ont préféré. 8. Elles ont regardé.

**49·2** 1. c 2. a 3. b 4. f 5. d 6. e

**49·3** 1. V 2. F 3. V 4. V 5. F 6. F 7. V 8. F

**50·1** 1. ê 2. ê 3. a 4. ê 5. a 6. a 7. ê 8. ê 9. a 10. ê

**50·2** 1. Je suis allé(e) au concert. 2. Tu es arrivé. 3. Elle est rentrée. 4. Nous sommes partis. 5. Vous êtes restées. 6. Ils sont venus.

**50·3** 1. c 2. d 3. e 4. b 5. f 6. a

**50·4** 1. Ils se sont réveillés... 2. Ils se sont levés... 3. Ils se sont lavé... 4. Ils se sont habillés... 5. Ils se sont fâchés... 6. Ils se sont dépêchés...

**50·5** 1. Je me suis réveillé(e) à six heures. 2. Tu t'es levé. 3. Nous nous sommes promenées. 4. Vous vous êtes fâchés. 5. Elles se sont maquillées.

**R10·1** 1. Moi/ai appris 2. Toi/as compris 3. Elle/a pris 4. Moi/ai appris 5. Nous/avons pris 6. Vous/ avez appris 7. Eux/ont compris 8. Elles/ont pris

**R10·2** 1. F 2. V 3. F 4. F 5. V 6. F 7. F 8. V

**R10·3** 1. P 2. F 3. F 4. P 5. P 6. F

**R10·4** 1. est 2. ont 3. es 4. avons 5. ai 6. êtes 7. sont

**R10·5** 1. g 2. d 3. h 4. e 5. a 6. c 7. f 8. b

# Fun facts translations

## Part I - L1

Barak Obama's daughters are Sasha and Malia.
Bill Ford is Henry Ford's great-grandson.
Jennifer Lopez is Marc Anthony's wife.
Liza Minnelli is Judy Garland's daughter.
Brad Pitt is Angelina Jolie's companion.

## Part I - L2

The White House in Washington, D.C., is the residence of the American presidents.
The Élysée Palace in Paris is the residence of the French presidents.
Victor Hugo's houses are in Paris and in Guernsey.
Louis Pasteur's house in Arbois has a tannery, a cellar, six rooms on the first (ground) floor, six other rooms on the second floor, some attics, and a yard.

## Part I - L3

Perdita, Pongo, and Lucky are dogs in the movie *The 101 Dalmatians*.
Tintin has a dog: Milou.
Pinocchio has a cat: Figaro.
Mickey Mouse is a mouse.
Porky Pig is a pig.
Astérix has a dog: Idéfix.
Garfield is a cat.
Donald Duck is a duck.
Nemo is a fish.

## Part I - L4

In *The Story of Babar*, the elephant Babar has French classes with a teacher. He is in a classroom with eleven books, one notebook, one paper, and a board. But there is no computer for Babar.

## Part I - L5a

TF1 and Canal+ are private television channels in France, but France 1, France 2, France 4, France 5, and Arte are public (government-supported) channels. TV5-Monde is broadcast throughout the world, on every continent.

*French television has animated cartoons, like* Astérix *and programs like* Les guignols de l'info *(Punch and Judy present the news), news broadcasts, films, game shows, and sports.*

## Part I - L5b

Except for Saturday and Sunday, the days of the week are composed of the syllable *di* and the Latin word for a star or planet.

Monday is *lunae dies*, day of the moon.
Tuesday is *martis dies*, day of Mars
Wednesday is *mercurii dies*, day of Mercury

Thursday is *jovis dies*, day of Jupiter.
Friday is *veneris dies*, day of Venus.
Saturday is *sabbati dies*, sabbath day.
Sunday is *dies dominica*, the lord's day.

## Part II - L6

Gabrielle is the daughter of Albert and Jeanne Chanel. The young girl sings in a café. The clients adore the young woman and name her *Coco*. But she dreams of being famous. Eventually Coco will revolutionize fashion in Paris and in the world. She rejects the corset and frees the female body; she creates a clothing style for very avant-garde women. She introduces the cardigan and the little black dress, which remain classics. Coco also creates bell-bottom pants. In addition, she introduces *Chanel No. 5* perfume.

## Part II - L7

For a full French meal, one generally eats an appetizer first; then a main dish, a salad, one or two cheeses; and one finishes with fruit.

There is always a baguette and other kinds of breads on the table for breakfast, lunch, and dinner. The typical breakfast in France is bread with butter and jam and sometimes cereal. A special breakfast is croissants and chocolate rolls and sometimes eggs with toast.

The French consume a lot of wine (each inhabitant consumes fifty-eight liters a year). They also consume a lot of mineral water.

## Part II - L8

Many regular -ir verbs come from the name of a color. Note the following:

**blanchir** (*to turn white*): Lilies turn white.
**bleuir** (*to turn blue*): The petals of the forget-me-not turn blue.
**brunir** (*to turn brown*): The heart of the sunflowers turns brown.
**jaunir** (*to turn yellow*): The petals of the sunflowers turn yellow.
**noircir** (*to turn black*): Petals turn black when they grow old.
**rougir** (*to turn red*): The petals of poppies turn red.
**verdir** (*to turn green*): The stems of flowers turn green.

Game: I love you a little, a lot, passionately, madly . . .

## Part II - L9

Do colors reflect personality? Does each individual prefer his/her own color? What is your favorite color? Does the color really reflect your personality?

My favorite color is red: I am passionate and I love risks.
My favorite color is brown: I am honest and I love stability.
My favorite color is yellow: I am dynamic and I love living.
My favorite color is green: I am optimistic and I love projects.
My favorite color is blue: I am responsible and I love the arts.
My favorite color is black: I am discreet. I love simple elegance.
My favorite color is white: I am idealistic and I love to dream.

## Part II - L10

In the comic books, Astérix is small but strong and brave. His companion Obélix is huge, sensitive, and also very strong. Obélix eats a lot more than Astérix and he is stronger than Astérix, except when Astérix drinks the magic potion. But Astérix is more intelligent than Obélix. The two companions are fantastic!

## Review II

Animals in Disney movies wear clothes. For example, Mickey wears white gloves and yellow shoes. Donald Duck wears a blue jacket and a little blue baseball hat.

In *Beauty and the Beast*, there is a pretty young girl. She is Beauty. There is also a very ugly beast who transforms himself into a prince.

Pinocchio is first a very naïve wooden puppet. He listens to the wolf and to the fox and does silly things. Then the courageous Pinocchio saves his father Geppetto from a big whale. At the end of the story, he changes into a real boy.

## Part III - L11

In the movie *Six Hours to Lose*, a passenger gets off a train and has a six-hour wait for another train. But a private chauffeur mistakes the passenger for his employer, a rich man, an ambassador. The passenger spends six hours with the ambassador's family and solves many problems. The ending of the movie is surprising.

## Part III - L12

When do the French celebrate Bastille Day? —It is the 14th of July. How do they celebrate Bastille Day? —There are fireworks and they dance. Where do they dance? —They dance in the streets, in the cafés, and in dance halls.

Why do Americans celebrate Thanksgiving? —It is to commemorate the arrival of the pilgrims in America. What do they eat during the Thanksgiving holiday? They eat turkey and pumpkin pie.

## Part III - L13

Gérard Depardieu is a famous French actor who plays in numerous movies such *Jean de Florette* and *Astérix*. In the 1990 film *Cyrano de Bergerac*, Depardieu plays the role of Cyrano, a man with a very big nose and very long hair. He also plays the role of a pianist in the American movie *Green Card*.

Audrey Tautou is an actress very well known for her roles in the movies *Amélie*, *The Da Vinci Code*, and *Coco avant Chanel*. She is an international star. She is pretty, slender, and is very talented.

## Part III - L15

In a well equipped French bathroom, there is a sink, a mirror, a bathtub with a hand-held shower, one or two towel racks, and naturally a bidet. Attention: A bidet is not a toilet.

## Part IV - L16

M. Boulanger opens the first modern restaurant in Paris around 1765. It is the first place to offer food at the table at any time of day. It offers a choice of dishes on a menu. In other establishments, that is, inns, there is only a single dish proposed by the cook.

## Part IV - L17

Where are babies born? In flowers? In cabbages? In many stories, like *Dumbo the Elephant*, storks deliver new babies to moms. Surprise!?

## Part IV - L18

There are many museums in France: art museums like the Louvre, historical museums, science museums, aviation museums, comic book museums, fashion museums, etc. There is also a website, the Fun Museum, created by UNESCO, designed for children. They can discover lights, colors, forms, and the stories of paintings.

## Part IV - L20

The Lucy skeleton is approximately three million years old according to certain scientists.
The Palace of Versailles is over three hundred years old.
The Eiffel Tower is over one hundred years old.
One of the oldest persons in the world is (was) a French woman, Jeanne Calment, who died at the age of one hundred and twenty-two years.

## Review IV

The CN (communication and observation) Tower in Toronto is 553 meters high.
The Empire State Building has 102 stories. The structure is 448 meters high.
The Eiffel Tower has two stories. It is 300 meters high.

## Part V - L21

Albert Einstein was born on March 14, 1879, at 11:30 A.M.